À l'on ^
I
en demain
___

Mad Megadston
___
Milkeston

De la même autrice

Complet Scandale, Leméac, 2019.
L'histoire de Zdov, avec Mathieu Mondoux, Les Éditions du Passage, 2015.
Proust à Sainte-Foy, Leméac, 2013.
Alfred et moi, Les Éditions du Passage, 2013.
Cinéma du Québec à Cannes : 1947-2007, Les Éditions La Presse, 2008.
Le portrait d'André Mathieu, Les Éditions La Presse, 2007.
Je me souviens d'avoir cherché oxymoron dans le dictionnaire, Les Éditions du Passage, 2007.
Maurice ou La vie ouverte, Les Éditions du Boréal, 2005.
Riopelle, Art Global, 1996.

LE BERLIN KID

Le Québécois téméraire qui a bombardé
l'Allemagne durant la guerre

Projet dirigé par Danielle Laurin, éditrice

Conception graphique : Nathalie Caron
Mise en pages : Nathalie Caron
Révision linguistique : Martin Benoit
Photographie en couverture : Archives personnelles de Monsieur Roger
 Coulombe avec l'autorisation de son filleul Serge Bellavance

Québec Amérique
7240, rue Saint-Hubert
Montréal (Québec) Canada H2R 2N1
Téléphone : 514 499-3000, télécopieur : 514 499-3010

L'autrice remercie le Conseil des arts et des lettres du Québec pour son soutien financier.

Nous reconnaissons l'aide financière du gouvernement du Canada.

Nous remercions le Conseil des arts du Canada de son soutien.
We acknowledge the support of the Canada Council for the Arts.

Nous tenons également à remercier la SODEC pour son appui financier.
Gouvernement du Québec – Programme de crédit d'impôt pour l'édition de livres – Gestion SODEC.

Catalogage avant publication de Bibliothèque et Archives nationales du Québec et Bibliothèque et Archives Canada

Titre : Le Berlin Kid / Hélène de Billy.
Noms : Billy, Hélène de, auteur.
Identifiants : Canadiana (livre imprimé) 20200096850 | Canadiana (livre numérique) 20200096869 |
ISBN 9782764443071 | ISBN 9782764443088 (PDF) |
ISBN 9782764443095 (EPUB)
Vedettes-matière : RVM : Coulombe, Roger, 1920-2010—Romans, nouvelles, etc.
Classification : LCC PS8603.I45 B47 2021 | CDD C843/.6—dc23

Dépôt légal, Bibliothèque et Archives nationales du Québec, 2021
Dépôt légal, Bibliothèque et Archives du Canada, 2021

Tous droits de traduction, de reproduction et d'adaptation réservés

© Éditions Québec Amérique inc., 2021.
quebec-amerique.com

Imprimé au Canada

HÉLÈNE DE BILLY

LE BERLIN KID

Le Québécois téméraire qui a bombardé
l'Allemagne durant la guerre

Québec Amérique

*À la mémoire de mon père,
à qui ce livre doit tant.*

À la mémoire de Elena Ehrensperger.

Guerre, vampire affreux dont la lèvre sinistre
Suce le sang des nations !

Ce n'est donc pas assez que, dans la vieille Europe,
Tes coups aient fait crouler des trônes de mille ans,
Il faut, puissant vautour, que ta serre enveloppe
Les peuples des deux continents !

Louis-Honoré Fréchette,
La Guerre

LE MENTOR

**Mon père adorait le Kid.
Puis leurs chemins se sont séparés.**

À l'Université de Montréal, dans un laboratoire situé à proximité de la tour Ernest-Cormier, l'ancien pilote de guerre Roger Coulombe se présentait parfois au cours de pathologie buccale avec sa décoration militaire bien en vue sur la poitrine. Les carabins écarquillaient de grands yeux de chevreuils enamourés. Il était l'homme qui avait bombardé Berlin douze fois durant la guerre. Pour cette raison, il avait hérité du titre ravageur de Berlin Kid, qui, à tout prendre, constituait sa carte de visite.

On racontait qu'il était un héros. Vraiment ? Mon père, Godefroy, le croyait. Entiché d'aviation, God était soufflé par les exploits du gars de Montmagny. De son côté, celui qu'on appelait le Berlin Kid se la jouait *cool*. De l'extérieur, ses cicatrices n'étaient pas visibles. À peine quelques sautes d'humeur de temps en temps. Comprendre : le type était un surdoué. Un survivant. Un gagnant.

Il avait peut-être été intrigué par le prénom de papa, Godefroy. Le grand-père paternel de Coulombe avait le même. En parcourant le cimetière de Berthier-en-Bas, dans le comté de Montmagny, j'ai pu constater que Godfroy Coulombe (sans « e » au milieu) venait tout juste de mourir lorsque Roger et mon père avaient entrepris leurs études de médecine dentaire en 1947.

Une amitié hors du commun allait se tisser entre eux, qui s'étendrait sur environ cinq ans.

Mon père était alors un jeune homme plein d'ambition. Cherchait-il un modèle, une inspiration ? Il lui était facile d'imaginer Coulombe, aux commandes de son bombardier Lancaster, déjouer nuit après nuit, les tirs des puissants chasseurs allemands. Coulombe le corrigeait aussitôt : « On s'en foutait d'être des héros. Ce qu'on voulait avant tout, c'était sortir de là vivants. » Il parlait au nom de son équipage, six durs à cuire, tous des *speak English* à l'exception de son navigateur, Gérard Tremblay. Une bande de crève-la-faim avec du cran et du cœur au ventre. Et il remettait ça avec le récit de sa mission du 2 décembre 1943 durant laquelle il avait été attaqué sans répit par la défense allemande, un combat halluciné dont il était revenu grâce à d'habiles manœuvres et qui lui avait valu sa DFC (Distinguished Flying Cross, ou Croix du service distingué dans l'Aviation).

Cette nuit-là, au-dessus de Berlin, le pilote du Lancaster DS707 P pour Peter avait été coincé pendant de longues minutes dans les faisceaux des projecteurs ennemis qui balayaient le ciel à sa poursuite. « C'est comme si j'étais forcé de regarder le soleil en face », a-t-il plus tard expliqué à un journaliste. Complètement aveuglé par la lumière des spots, Coulombe avait essuyé au même moment les assauts répétés d'un Junkers au profil de requin qui lui avait planté deux obus dans l'aile gauche. Comment s'extraire de cette foutue fournaise ? Il avait exécuté un piqué, pas le choix, une manœuvre dite en tire-bouchon, durant laquelle il fallait faire plonger l'avion de cinq cents mètres avec une inclinaison de quarante-cinq degrés, les moteurs à fond. À quatre cent cinquante milles à l'heure, en pleine bataille contre les Frisés, ça décoiffe. Quoi qu'il en soit, la stratégie avait fonctionné. Les Allemands lui avaient lâché le portrait, et il avait pu diriger son engin et tous ceux qui étaient dedans vers l'Angleterre. Il restait tout de même quatre heures de vol et le zinc était troué comme une passoire. Le train d'atterrissage, *kaput*, un des pneus, crevé. Les communications radio avec l'Angleterre, coupées. Tenir, tenir, tenir. Et l'indicateur de vitesse qui ne cessait de décliner. Jusqu'à l'apparition des côtes anglaises, son attention n'avait pas dévié. Enfin, la grande île s'était dessinée devant lui, mais Coulombe n'y voyait goutte à cause du *black-out* en vigueur depuis le Blitz. Entre-temps, un de ses moteurs avait lâché. Idem pour le système hydraulique. Du secours, il ne pouvait y songer. À la base de Linton, en raison de son retard, on ne l'attendait plus. Que faire ? Se jeter dans la mer ? Il restait une solution : un appel Mayday (SOS) à tout venant dans la nuit funèbre.

— Et? demandait mon père, fixant le Berlin Kid, anticipant la suite.

— Rien. Pendant de longues minutes. Juste le vent. Puis, tout à coup, une piste s'est éclairée dans cette nuit de chien pas de médaille. Le signal provenait d'une base américaine. Il était temps. Nos réservoirs étaient à sec.

Quelques minutes avant l'aube, Coulombe avait réussi un atterrissage magistral en se posant sur l'unique roue qui lui restait. Plus tard, les Américains s'étaient montrés stupéfaits en contemplant la carcasse déplumée du Lancaster. Comment cet équipage d'avortons s'était-il arrangé pour ramener sur le plancher des vaches une épave pareille? Quelqu'un avait suggéré une décoration militaire pour le pilote, dont c'était le sixième raid sur Berlin. Il allait recevoir sa DFC sur le champ, en récompense de « sa bravoure dans l'accomplissement de son devoir ».

Sa guerre comme volontaire dans l'Aviation royale canadienne (ARC), Coulombe l'avait menée tambour battant pendant trois ans au cours desquels il avait été stationné dans une des bases du nord du Yorkshire, en Angleterre. « Deux aviateurs sur trois n'en revenaient pas », me rappelait mon père.

De retour à la vie civile, le Berlin Kid avait continué de piloter. Instructeur de vol dans le coin de Québec, il avait invité mon père à monter à deux reprises dans le *cockpit* de son Fleet Canuck avec lui. C'était durant l'hiver 1948, comme le stipule le registre de l'aéroport de L'Ancienne-Lorette, un document que Coulombe a conservé dans ses archives. À 11 000 pieds au-dessus du fleuve, ils avaient vu l'ombre de cet aéroplane de fabrication canadienne rétrécir sur le relief nuageux, tandis que leurs corps étaient secoués par les vibrations du moteur et de l'hélice bipale. En bas, une succession de maisons jouets défilait dans un paysage endormi.

Tous deux étaient du signe de la Vierge. Mon père, qui mesurait six pieds, dominait le Kid d'au moins une tête, et celui-ci avait trois ans de plus que lui. Son statut de vétéran comptait beaucoup pour mon père, qui l'aimait. D'une certaine façon, le Kid a eu plus qu'une simple influence sur lui : il a modelé sa vie. Pétri du désir de lui ressembler, Godefroy a aiguillé son avenir vers l'aventure.

Son diplôme en poche, il est parti s'installer avec ma mère dans une station minière au milieu de nulle part, au bord d'un lac profond, un endroit asphyxié de silence. Une de ses sœurs lui avait fait parvenir un article du *New York Times* qui présentait l'endroit comme un nouveau Klondike. Il ne lui en avait pas fallu davantage.

Dans ce pays rude, situé à une soixantaine de milles du lac Mistassini, il n'y avait ni route pavée, ni hôpital, ni cinéma, ni télévision. Conformément à son souhait, mon père chassait l'orignal en compagnie de rudes gaillards, cherchait l'or avec des prospecteurs originaires de l'Europe de l'Est, s'initiait à la pêche au doré avec ceux qu'il appelait « nos amis les Cris ». Comme la bourgade comptait environ cent vingt habitants, ce qui ne pouvait permettre à un dentiste de gagner décemment sa vie, il pratiquait sa profession dans le bled voisin, situé à une centaine de milles. Le chemin forestier qui y conduisait, à peine carrossable, tenait du parcours à obstacles. Durant presque trois heures, au volant de sa grosse américaine, mon père croisait des poids lourds assassins, tandis que ma mère, grillant cigarette sur cigarette, était morte de peur à ses côtés.

Ma mère, Louise Godbout, aurait adoré le Kid. Elle aurait apprécié le personnage, qu'elle aurait jugé « épatant ». C'était l'une de ses expressions favorites. Les gens étaient « épatants » lorsqu'ils avaient du talent et qu'ils s'assumaient libres et vivants. Ma mère pratiquait ses sonates de Beethoven sur son piano droit au moins une fois par semaine au fond de sa brousse. Huit cents kilomètres au sud, sans qu'elle soit au courant, le Kid pratiquait ses gammes sur son grand piano à queue Steinway. Autour de cet instrument phénoménal, il organisait des récitals chez lui à Lachine. Il invitait des solistes renommés. Ma mère se serait plu à échanger avec lui sur tel ou tel enregistrement, sur le célèbre duo Presti-Lagoya dont elle admirait la virtuosité, sur les Jeunesses musicales du Canada qu'elle essayait de convaincre de se produire dans le Nord.

Mon père et ma mère étaient aussi différents que l'eau et le feu. Couple improbable, ils se rencontraient phonétiquement autour du « God » de leurs noms, Godefroy pour lui, Godbout pour elle. Le pôle comme point de rencontre. Mais les dieux du Nord sont jaloux de leur territoire et, ne souhaitant pas le partager, peuvent se montrer inhospitaliers.

Ma mère avait sincèrement l'intention de s'adapter. Elle s'est mise à l'étude de la géologie, remplissait ses boîtes à bijoux de petites roches de quartz et de chalcopyrite, se pâmait pour la formation des glaciers. Elle cuisinait aussi beaucoup. Des charlottes russes, des civets de lièvre, des perdrix au chou, des truites farcies. Puis bang! la réalité s'est imposée avec ses hivers gelés dur, la noirceur dès quinze heures, les batailles dans les bars de la rue principale, la dureté du pays minier. Elle s'est accrochée. Elle surmonterait ce défi. Son corps n'était pas du même avis. Elle maigrissait. Heureusement, les grossesses lui donnaient du répit, son anxiété diminuait. C'est le post-partum qui la clouait au plancher. Cinq enfants, elle n'en pouvait plus. Luttant contre l'insomnie, elle s'endormait au petit matin, fourbue. Le piano demeurait muet. Mon père évitait de lui adresser des reproches, mais il s'inquiétait. Parfois, il lui écrivait. Un jour, dans une lettre, il a suggéré : « J'aurais pu m'effondrer moi aussi. Étant donné que je suis le pourvoyeur, c'est peut-être mieux que ce soit toi. » D'une certaine façon, l'ombre du Kid (et de ses troubles post-traumatiques) planait sur leur jeunesse comme une promesse jamais exaucée. Ma mère était-elle une victime collatérale de la guerre ?

Mes parents ont divorcé en 1976. Après la mort de ma mère vingt ans plus tard, Godefroy a commencé à scander son long poème épique au sujet du Berlin Kid. Sa nouvelle compagne, qui était suisse, était suspendue à ses lèvres. Ce genre d'histoire l'enchantait. Godefroy n'entrait jamais dans les détails, de sorte que je ne l'ai jamais entendu prononcer le nom du bombardier piloté par Coulombe, le proverbial Lancaster.

Aujourd'hui, je pense qu'il craignait de revenir sur ce chapitre de sa vie. Le souvenir du Kid, il l'avait muré sous une dalle très lourde au fond du jardin que constituait sa jeunesse. Alors, pourquoi le déterrer à présent ? Mon père pouvait se montrer étonnamment superstitieux. Il a peut-être obéi à un signe, voire à un commandement. Ce personnage trouble auquel il s'était frotté pendant cinq ans continuait de le fasciner. Malgré le risque, il effectuerait ce bref retour en arrière. Il n'avait peut-être pas le choix. Et puis, il avait l'habitude charmante et un peu enfantine de rire sous l'effet de la terreur. Et chaque fois qu'il mentionnait Roger Coulombe, il riait.

Dans mon souvenir, il n'y a pas de récit continu. Que ces mots crépitant comme une série de feux d'artifice : « Le Berlin Kid ! Le Berlin Kid ! » J'aurais voulu en savoir davantage, mais une sorte de pudeur m'arrêtait. Durant mon enfance et même au-delà, j'observais une distance avec mon père. Un adulte avec ses secrets, voilà ce qu'il était. La mélancolie qui balayait ses traits dans les portraits de sa jeunesse, je ne voulais pas la connaître. Mais j'aimais sa folie. Et je me soumettais volontiers au feu de son imagination, nourrie par ce personnage, le Kid, sans me douter qu'un jour, je succomberais à mon tour à l'envie de perpétuer cette légende.

Le pilote démoniaque avait-il manipulé mon père au point de m'inciter à prendre ce rendez-vous posthume avec lui ? Je me méfie des golems à l'aura sulfureuse qui se fraient un chemin, par-dessus les cadavres, jusqu'au cœur des âmes sensibles. Non, je n'irai pas encenser le héros sans avoir pris bonne mesure de ses intentions.

Que le pilote de guerre se le tienne pour dit, l'heure du jugement est arrivée.

SON ALTER EGO
OU SON CONTRAIRE ?

Leur ressemblance était stupéfiante.

À trois heures du matin, n'arrivant pas à dormir, je me glisse derrière mon poste de travail. En ouvrant mon courrier électronique, j'aperçois le message suivant : « Photo qui pourrait vous intéresser. » Je clique. Au bout d'une microseconde, je vois surgir le portrait de fin d'études de mon père, sauf que le sujet est un autre. Et cet autre, je le connais, puisque le Berlin Kid fait l'objet de mes recherches depuis un certain temps.

Pour m'aider dans mon investigation, un neveu de Roger Coulombe m'envoie un portrait de son oncle datant du printemps 1951. Tout juste diplômé de l'École de chirurgie dentaire de l'Université de Montréal, le Berlin Kid m'apparaît alors comme une sorte de jumeau de mon père, son double, voire son reflet. Cette impression est-elle justifiée ? Pour m'en assurer, je dois mettre la main sur le portrait de papa qui remonte à la même époque et qui a trôné dans son bureau de dentiste pendant des années.

Je me souviens alors que Godefroy a confié ses archives à la petite société historique régionale dont il était membre dans le Nord. Je soumets une demande et on me fait gentiment parvenir une copie numérisée de la photo de mon père à vingt-sept ans, celle qui marque l'obtention de son diplôme. Je la compare avec celle du Berlin Kid.

Leur ressemblance est stupéfiante.

Posée sur leur épaule, l'épitoge rehaussée d'hermine fige leur image dans le temps. Fines moustaches, sourcils arqués de la même manière, cheveux gominés tirés vers l'arrière. Leurs visages trahissent la même jeunesse insolente. Leurs tenues sobres accentuent cette impression, comme leur demi-sourire. Seule ombre au tableau : le voile de tristesse qui recouvre le regard bleu de Godefroy. Rien de tel chez son ami Coulombe, dont la mâchoire serrée et l'œil vif laissent filtrer une nature belliqueuse en apparence tout à fait remise de la guerre.

Sur le revers de son veston, reléguant l'épitoge au second plan, le pilote a épinglé sa Croix du service distingué dans l'Aviation. Montée sur un ruban composé de bandes obliques violettes et blanches, la décoration militaire lui a été attribuée pour « son habileté, son courage et sa détermination » lors de son sixième raid au-dessus de la ville de Berlin. Celui du 2 décembre 1943.

Mon père en revanche semble indécis. Comme s'il était devenu momentanément prisonnier de l'image que lui renvoyait le Kid. Au point de souhaiter lui ressembler tout à fait ? C'est possible. Les amitiés de jeunesse ont ceci de particulier qu'elles recèlent leur part de mystères. Et bien souvent, les liens noués à la frontière de l'âge adulte ne durent pas. Mon père s'était identifié au Kid, à sa bravoure durant la guerre, à ses exploits. Il s'était attaché à lui, puis il s'était éloigné de son imprévisible mentor pour devenir, une fois marié, un père de famille sportif qui passait presque tous ses loisirs avec ses enfants, dans les bois.

Dans leurs archives respectives, je trouve très peu de documents remontant à leur jeunesse universitaire. Pourtant ils ont tous deux conservé les photos de fin d'études où ils se ressemblent tant. Un hasard ? Ausculter le passé constitue toujours une entreprise hasardeuse. Et au-delà d'une certaine limite, les interprétations ne sont plus valables.

LA VESTE

Le Berlin Kid se présente devant les caméras de télévision vêtu d'un tartan écossais turquoise et bordeaux.

Le 7 mai 1995, Roger Coulombe, soixante-quinze ans, est invité à commenter ses trente missions en Allemagne à la télévision de Radio-Canada. La société d'État a en effet prévu une émission spéciale pour marquer le cinquantième anniversaire de la fin de la Deuxième Guerre mondiale. En compagnie de trois vétérans de l'Aviation royale canadienne, Coulombe disposera d'un peu plus de cinq minutes (sur un total de vingt) pour raconter la foudre et les bombes, la peur et les nuits de fureur.

Au moment de s'adresser à lui, l'intervieweuse jette un coup d'œil furtif à ses notes : « Monsieur Roger Coulombe est le seul pilote des forces alliées à avoir complété douze raids aériens au-dessus de Berlin. » Elle précise : « Pour cette raison, on l'a surnommé le Berlin Kid. »

J'ai visionné cette émission des années après sa diffusion. Le Kid était mort depuis longtemps. C'était la première fois que j'entendais sa voix. La première fois également que je le voyais autrement que sous les traits du jeune étudiant ou du héros aux commandes de son bombardier.

L'occasion est rare. Les vétérans des bombardements ont eu très peu d'occasions de s'exprimer depuis 1945. Le Kid, qui milite pour ce genre de reconnaissance, a bien l'intention de profiter du peu de temps qui lui est accordé pour faire valoir le rôle joué par les aviateurs durant la guerre qui a transformé le monde. Léger imprévu, il est pris de timidité sur le plateau de télévision et, à l'étonnement de ceux qui le connaissent, il peine à prendre le crachoir.

Quand l'animatrice lui demande d'expliquer l'origine de son nom de guerre, le Berlin Kid, un nom dont on pourrait tirer une chanson tellement il est rassembleur, il réfléchit avant de répondre, et, comme si l'explication recelait quelque chose de trop intime, il suggère : « Ah, ce sont les copains qui m'ont donné ce surnom en Angleterre… »

L'intervieweuse insiste : « N'est-ce pas en raison du nombre record de raids très périlleux que vous avez exécutés sur la capitale allemande que vous avez mérité ce surnom ? »

Encore une fois, le Kid hésite à prendre la balle au bond. Quand on s'est produit sur les grandes scènes du monde avec un nom qui a été célèbre, mais dont à peu près plus personne ne se souvient, il se peut que toute tentative de ranimation à l'égard de ce nom fasse mal.

C'est ce genre de douleur que doit affronter le Kid sur le plateau de télévision. Devant ses camarades vétérans, il est ébranlé plus qu'il voudrait l'admettre. Alors il grimace, un rictus à peine perceptible sur les lèvres.

Si, ce jour-là, Roger Coulombe avait l'intention de réhabiliter le souvenir des aviateurs canadiens qui ont bombardé l'Allemagne durant la guerre, il a raté son coup. Ses quatre minutes d'entrevue écoulées, il a laissé les autres s'exprimer. En revanche, personne ne risque de le confondre avec un courant d'air pour la simple et bonne raison qu'il a choisi de se présenter à Radio-Canada ce jour-là vêtu d'une invraisemblable veste en tartan à carreaux bordeaux et turquoise, assortie d'une chemise blanche et d'une cravate rayée dans les tons de rouge. Avec ses médailles sur son torse, sa tenue a quelque chose de circassien. La tenue d'un funambule qui s'estime autant artiste qu'homme de guerre.

Les autres vétérans sur le plateau ont également épinglé leurs décorations militaires sur leur poitrine. Dans leurs costumes noirs, ces hommes fiers considèrent le Kid avec un mélange de stupeur et d'admiration. Stupeur devant son accoutrement inhabituel. Admiration parce que, contrairement à nous, téléspectateurs ignares, ces vieux messieurs ont eu vent de sa renommée. Ils savent également que sa veste a été taillée dans le tartan fabriqué exclusivement en Écosse pour le personnel de l'Aviation royale canadienne. Ne serait-ce que pour ce clin d'œil, ils le trouvent pas mal culotté.

Mon père a-t-il vu ce reportage ? Si c'est le cas, il s'est abstenu de me le signaler. Godefroy s'habillait comme l'as de pique lui aussi. Ses chapeaux, ses costumes dépareillés, ses chemises à carreaux étaient à ce point extravagants qu'on en avait le sifflet coupé. D'une certaine façon, je comprenais. La chanson du vieux rebelle. Une façon pour ces originaux de nous dire : « Je ne me soumettrai pas à vos modes, à vos goûts bourgeois, à votre culture égalitaire, etc. » Dans l'habit d'Arlequin de Roger Coulombe, il m'a semblé reconnaître le même couplet, la même philosophie libertaire que chez mon père.

Le Kid avait des tocades vestimentaires. Il possédait un assortiment invraisemblable de cravates, de peignoirs en soie, de vêtements de ski et au moins cinquante paires de bottes d'équitation. Il aimait les blasons, les broches, les gants, les blousons aux couleurs vives (rouges bien souvent). Par ses vêtements, il traduisait une sorte de trop-plein, mais il le faisait de telle sorte que seul un petit cercle d'initiés pouvait décoder ses choix. Homme de style, il avait aussi ses secrets.

LE NEUVIÈME FILS

À vingt ans et sans que personne l'y oblige,
Roger Coulombe se porte volontaire
pour combattre les nazis.

À Berthier-en-Bas, dans le comté de Montmagny, Roger Coulombe était le neuvième fils, le plus futé et le plus déterminé de sa famille. Né le 12 septembre 1920, il avait une jumelle prénommée Jeanne d'Arc, et trois sœurs venaient après eux. Les filles, de vraies beautés, se révéleront intelligentes, rieuses, allumées. Au milieu de tant de sollicitude féminine, Roger a acquis une personnalité autant tournée vers les arts qu'éprise d'aventure.

Il a grandi à la campagne au milieu de quatorze frères et sœurs durant la crise économique des années 1930. Sur la terre familiale, il y avait des vaches, un cheval et des cultures qui assuraient l'autonomie du petit clan. Les garçons aidaient aux travaux de la ferme. C'était obligatoire. Le nez dans les livres, Roger était spécial. Il lisait tout le temps. Et il jouait du piano.

J'ai découvert deux photos de ses parents. Sur la plus ancienne, prise durant l'été, Joseph et Lorenza sont plantés devant leur maison canadienne au toit pentu surmonté de lucarnes, une habitation magnifique comme on en trouvait tant dans les campagnes québécoises. Maigre, entièrement vêtue de noir, les cheveux ramenés en chignon au-dessus de la tête, Lorenza semble prématurément usée par les grossesses. Un éclair espiègle dans ses yeux indique cependant qu'elle dispose de toute l'énergie nécessaire pour traverser les épreuves. À ses côtés, vêtu comme pour un enterrement, habit noir et cravate, Jo est bel homme, mais son visage est fermé, presque hostile.

Femme de courage et d'abnégation, Lorenza nourrissait une dévotion particulière pour la Vierge Marie. Ses enfants, qui connaissaient son inflexible piété, n'auraient jamais osé remettre en question sa foi et sa loyauté envers l'Église. Devenue veuve, matrone aux cheveux grisonnants et à la poitrine généreuse, elle avait épaissi, mais son sourire était toujours aussi radieux. Comme on peut le supposer, son mari s'était peu à peu rétracté devant sa stature imposante. Son petit-fils Gilles Boulet n'a jamais douté de sa forte personnalité. « Elle était le *boss* de la famille », dit-il.

Au moment de la déclaration de la guerre, le 3 septembre 1939, Lorenza venait tout juste de franchir le cap de la cinquantaine. Son fils Roger allait sur ses dix-neuf ans. Le monde entrait dans un cycle de terreur. Ils le sentaient bien, à Berthier-en-Bas. Et quand la France est tombée en juin 1940, tout le monde a eu le cœur serré. À compter du moment où Hitler est entré dans Paris, la Grande-Bretagne s'est imposée comme le seul rempart contre l'armée allemande en Europe. Menée par les deux piliers de la démocratie qu'étaient la Grande-Bretagne et les États-Unis, la guerre des bombardements alliés sur l'Allemagne allait se dérouler depuis des bases militaires situées en Angleterre, dans le Yorkshire principalement.

Dans le comté de Montmagny, les jeunes du clan Coulombe suivaient l'actualité internationale à la radio. Le monde si lointain était à présent si proche… De partout sur la planète, des voix leur parvenaient qui semblaient s'adresser directement à eux. « *We shall never surrender…* » (« Nous ne nous rendrons jamais »), clamait le Premier ministre britannique.

On a prétendu que Winston Churchill « avait mobilisé la langue anglaise et l'avait envoyée au combat ». Futur prix Nobel de littérature, ce passionné de Shakespeare était un immense orateur et un génie du verbe. À sa façon machiavélique, Hitler aussi, dont la voix stridente ensorcelait le peuple allemand. Défendue par des plumes hors pair amplifiées par le pouvoir des ondes, la guerre ressemblait parfois à une épopée inventée au jour le jour par des littéraires.

Durant l'été 1940, il se peut que Roger Coulombe ait assisté à une conférence de l'aviateur Billy Bishop. Héros de la Première Guerre mondiale, Bishop faisait la tournée du pays pour inciter les jeunes à s'engager dans l'aviation. Le champion avait le sens de la formule. On lui attribue ces paroles envoûtantes : « *To fly: the greatest game in the world... A man ceases to be human when he is up there.* » (« Voler, le jeu le plus formidable du monde... Un homme cesse d'être humain quand il est là-haut. »)

Coulombe va attribuer sa piqûre pour l'aviation à ce genre d'envolée lyrique. « J'avais vingt ans, résumera-t-il à un journaliste en 2005. Danger ou pas, ça m'intéressait... J'aimais le vol, l'aventure, l'imprévu... »

À Ottawa, pendant ce temps, le premier ministre William Lyon Mackenzie King signait, avec trois de nos alliés, le Programme d'entraînement aérien du Commonwealth (PEAC). Tous les partenaires s'étaient engagés à fournir à la Royal Air Force des pilotes, des mitrailleurs, des opérateurs radio, des navigateurs, des ingénieurs. La formation de ce personnel qualifié aurait lieu principalement au Québec et en Ontario. Des quatre coins de la planète, de jeunes hommes afflueraient bientôt pour rejoindre « l'aérodrome de la démocratie », comme on avait baptisé le Canada.

Roger avait une préférence pour le Mosquito, un aéronef remarquable, surnommé « la merveille en bois » en raison de sa structure de balsa et de bouleau. Il s'imaginait au poste de pilotage, le cul serré sur le siège, à la poursuite de navires allemands.

Dans l'alcôve qu'il partageait avec son frère Roland à Berthier, il chorégraphiait leurs futurs exploits en écartant les bras à l'horizontale et en reproduisant le rugissement du moteur de l'avion. Roland applaudissait. Roger possédait un ascendant sur son frère. Malgré sa petite taille et son jeune âge, il ne s'en laissait jamais imposer par le doux Roland. Le neuvième fils se comportait volontiers comme un caporal. Et s'il décidait que Roland irait voler au-dessus de l'Allemagne avec lui, son aîné ne le contredirait pas.

Dans son pensionnat à Gatineau, mon père aussi rêvait de duels avec les Stukas allemands, mais, ses deux frères ayant déjà rejoint l'armée de terre, il n'avait pas la permission de son père pour s'enrôler. Comme le Kid qu'il ne connaissait pas encore, God avait migré d'une institution à une autre, usant ses souliers dans plusieurs pensionnats de Lévis à Gatineau. Les religieux n'avaient que faire de ces esprits rebelles. Insubordination ? Dans le Québec à l'eau bénite, mon père cherchait à s'affirmer loin des soutanes. Comme Roger.

Le 4 juillet 1941, à peine une semaine suivant l'entrée de la Wehrmacht en Union soviétique, Roger Coulombe s'est rendu dans les bureaux de l'Aviation royale canadienne, pour se porter volontaire pour aller combattre les nazis. Rue d'Auteuil, à Québec, l'officier chargé du recrutement avait vu s'avancer vers lui un blanc-bec aux yeux verts et aux cheveux charbon. Le Kid avait vingt ans.

Former un pilote exigeait une infrastructure et des dépenses considérables de la part du gouvernement. Plus que tout autre type de combattant, un aviateur était soumis à un entraînement rigoureux qui s'échelonnait sur au moins deux ans.

Comment être certain que l'aspirant ferait l'affaire ? Qu'il n'allait pas manquer d'air devant le premier Messerschmitt venu ? (Le célèbre chasseur allemand était resté invaincu contre la Royal Air Force depuis la bataille d'Angleterre.) Sur le formulaire, le recruteur avait énuméré une série de qualificatifs pour décrire le futur Berlin Kid, allant de timide à enthousiaste, en passant par intelligent, poli, bien élevé, sincère et nerveux. Détails supplémentaires ? Il mesurait cinq pieds sept pouces et pesait cent cinquante livres. Il s'exprimait avec aisance, mais se montrait parfois hésitant. Ses passe-temps ? Lecture et musique. Il pratiquait aussi la natation, le hockey et le baseball. Sa scolarité s'était interrompue après quatre ans de secondaire. Les prédictions du recruteur ? Le gamin ferait un bon pilote.

Deux semaines plus tard, c'est à Roland de se présenter rue d'Auteuil. Âgé de vingt-deux ans, le frère aîné de Roger est moins sportif, moins éduqué, moins ambitieux que son cadet. J'ai sa fiche sous les yeux. Après deux ans d'école commerciale, celui que je surnomme «le Blondinet» en raison de ses cheveux châtain clair a travaillé comme journalier au ministère de la Voirie et comme commis d'épicerie à Québec. On lui fait commencer son service dans l'armée de terre en tant qu'infirmier à l'hôpital militaire de Valcartier. On le mutera vers les forces de l'air si tout va bien.

À Berthier, deux de ses fils envisagent de partir pour l'Angleterre, Lorenza Coulombe éprouve quelque difficulté à trouver le sommeil. Ses garçons à la guerre : avec quelle permission ? À l'instar de la maman dans le film *Les Plouffe*, de Gilles Carle, Lorenza pourrait facilement se mettre à crier tant la perspective de tuer des gens heurte son idéal de morale chrétienne.

Si ses garçons avaient été forcés de s'enrôler, Lorenza se serait levée pour réclamer justice, mais ils avaient succombé à la séduction de l'uniforme. Pour elle, une folie. Mais est-ce vraiment ce qu'elle ressentait ? En vérité, je ne dispose d'aucun indice pour décrire la réaction de la maman au moment où elle a appris que ses fils s'étaient enrôlés. Aucun témoignage. Aucune bulle sonore sur laquelle je pourrais appuyer mon oreille comme sur un coquillage pour capter les cris indignés de la maman impuissante devant l'appel du large et le goût de l'aventure qui s'étaient emparés de sa progéniture.

Les récoltes terminées, les frères se rendent à l'entraînement chacun de son côté. Roland à Québec, Roger à Saint-Hubert, pour une première formation à l'école d'instruction d'aviation militaire. Cours théorique durant lequel il planche sur la mécanique et l'aéronautique. Il apprend même à décoder les signaux de réglage et le télégraphe Morse. Comme ses collègues, il ignore encore s'il deviendra pilote. À tout moment, les instructeurs peuvent vous recaler ou vous rediriger vers une salle de tir pour vous transformer en mitrailleur ou viseur de lance-bombes. Coulombe étudie vaillamment, il vise haut. Il a hâte de voler.

À l'école d'aviation militaire, il se lie avec un type au sourire contagieux, « un cœur d'or », comme il l'établira plus tard dans une lettre à sa sœur Pierrette. Jacques Mercier appartient à une famille illustre. Étudiant en droit à l'Université de Montréal, il est le petit-fils de l'ancien premier ministre du Québec Honoré Mercier. Simple et accueillant, l'héritier de la grande famille libérale invite le Kid au manoir ancestral des Mercier, à Bellevue, en face du lac Saint-Louis, et le présente à sa mère. Possédant un côté groupie, le Kid est très excité d'apprendre que madame Mercier est la petite-fille du poète Louis-Honoré Fréchette (1839-1908). Géant de notre littérature, Fréchette est l'auteur de *La Légende d'un peuple*, un long poème épique qui recense l'histoire du Québec de Jacques Cartier à Louis Riel.

Patriote, Coulombe connaît sur le bout des doigts la longue odyssée de ses ancêtres. Cet héritage qu'il partage avec Mercier, c'est celui des Canadiens français. Tous deux sont fiers d'appartenir au peuple qui a donné au monde des héros comme le soldat explorateur Pierre Le Moyne d'Iberville ou encore le compositeur de la musique du *Ô Canada*, Calixa Lavallée, qui a combattu avec l'armée nordiste pendant la guerre de Sécession aux États-Unis (il a terminé la guerre avec le grade de lieutenant).

Durant les mois précédant son départ outre-mer, entre les mornes leçons sur la météorologie et son baptême professionnel, Roger Coulombe vit les moments les plus excitants de sa jeune existence. À vingt et un ans, il a enfin l'impression d'entrevoir l'avenir qu'il convoite, un avenir brillant où il pourra fréquenter des personnalités d'exception et discuter avec elles des idées les plus avancées et les plus conséquentes pour le pays. Résolu à rejoindre la cour des princes, il cherche à fréquenter des gens intelligents et raffinés. C'est le cas de Mercier, qui respire l'assurance des nantis, qui a la certitude d'être important. Des types comme lui ne se laissent jamais abattre. Ils ont la beauté. Ils ont la jeunesse. L'éclair d'un instant, le Kid espère lui ressembler.

Chaque jour apporte son lot de sensations nouvelles. Qui aurait dit un an plus tôt que Roger Coulombe, un cul-terreux du bas du fleuve, se retrouverait peinard, dans le siège du pilote, aux commandes d'un Harvard, appareil trapu, jaune citron, construit à Montréal pour les écoles de formation de l'aviation militaire? Sensation proche de l'extase. Il absorbe chaque exercice avec délice, les loopings, l'atterrissage improvisé au milieu d'un champ, les démonstrations brutales de l'instructeur qui lui coupe les gaz entre ciel et terre pour le mettre à l'épreuve.

Le 25 septembre 1942, il est reçu pilote. Cet événement marque un revirement considérable dans sa vie. La veille, il a cousu les deux ailes dorées sur son uniforme bleu de mer. Pilote de guerre ! Le sentiment d'appartenir à une élite. Qu'est-ce que ses frères diront de ça ?

Les journalistes de la province sont invités à couvrir « l'impressionnante cérémonie » à l'École d'aviation de Saint-Hubert. *Le Nouvelliste* publiera même une photo des recrues québécoises, en uniforme. Au sein du groupe, dans une attitude qui tranche avec le sérieux de ses camarades, Jacques Mercier rit de bon cœur. Il a le visage tourné vers Roger. On devine que celui-ci vient de lancer une blague à son intention. Instant fugace qui traduit une insouciance qu'ils ne sont pas près de retrouver. Pour Coulombe, Rastignac à sa manière, ce couronnement, c'est l'espoir d'une vie en majuscules et de défis à relever. Pas de doute, il a échappé à Berthier-en-Bas…

Coiffée du titre « Canadiens français dans l'aviation », une photo de leur promotion apparaît également dans *La Presse*. On y distingue Coulombe et son ami Mercier parmi les neuf sergents-pilotes francophones sur le point de se rendre sur « le théâtre des opérations », comme on désignait alors les bases de l'Aviation royale canadienne situées à l'étranger. Combien de ces garçons reviendront indemnes des joutes périlleuses auxquelles on les destine ? Tout à leur bonheur de se retrouver parmi les élus, les « futurs héros », comme les appelle *La Presse*, n'ont pas l'air de trop s'en soucier. À moins que la peur n'ait commencé à leur gruger le cœur. Allez savoir. Les anciennes photos sont muettes et les jeunes hommes en uniforme qui figuraient alors dans les journaux ont presque tous été oubliés. Survivants ou non, leur sort n'a jamais fait l'objet de longues conversations dans les chaumières.

Un jour, pourtant, j'ai croisé quelqu'un qui se faisait un devoir d'entretenir la flamme du souvenir. C'était à Londres, dans un restaurant indien où une amie venait tout juste de me présenter à une avocate québécoise et à son mari.

Devant un assortiment de plats au curry, l'avocate me demande sur quoi je travaille. Je mentionne celui que j'appelle «mon aviateur». Elle réplique: «Il doit avoir connu mon oncle.» L'hypothèse paraît improbable. Je l'interroge tout de même:

— Comment s'appelait votre oncle?

— Jacques Mercier.

— Le petit-fils d'Honoré Mercier?

Je lui tends mon téléphone, où sont archivées mes recherches. La photo du pilote de Chateauguay tremblote dans le rectangle de mon iPhone.

Monique Mercier reconnaît tout de suite son oncle, qu'elle n'a pourtant jamais rencontré puisqu'il a disparu avant sa naissance. Elle évoque le charme, l'aisance, le charisme de l'étudiant en droit qui sont restés pour toujours une légende dans sa famille. Plus tard, la maman de Monique exhumera pour moi les découpures de presse, les photos, les lettres le concernant. « Nous n'avons rien oublié, dira cette belle dame de quatre-vingt-quinze ans. Il était si beau, si jeune. »

Après avoir rejoint la 432e escadrille en Angleterre, Jacques Mercier a péri au cours de son premier raid au-dessus de l'Allemagne, dans la nuit du 24 au 25 juin 1943. Le Wellington qu'il pilotait durant sa mission a été abattu non loin des côtes hollandaises. Il n'y a eu aucun survivant parmi l'équipage.

L'automne suivant, sa famille recevait un télégramme avec ces mots : « *The Queen and I offer you our heartfelt sympathy in your great sorrow.* » Signé par le roi George VI, le message a été conservé dans les archives de la famille Mercier comme un papillon séché dans un musée d'histoire naturelle.

Son corps n'ayant jamais été retrouvé, Jacques est resté présent dans la mémoire de ses neveux et nièces, et les Mercier n'ont jamais perdu espoir de le revoir. Chez les plus jeunes qui ne l'avaient pourtant pas connu, on a longtemps attendu son retour. « Tous les Noëls, on se préparait à le voir franchir la porte », raconte Paule, la sœur de Monique. Ils y croyaient. Les aviateurs ne meurent pas. Ils s'envolent.

NOUS PENSIONS TOUS QUE NOS JOURS ÉTAIENT FINIS LÀ

Durant la Deuxième Guerre mondiale, le pilote de bombardiers Lancaster Roger Coulombe a tenu un journal personnel où il a consigné en français chacune des étapes de son incroyable odyssée.

La veille, le filleul et exécuteur testamentaire de Roger Coulombe m'a confirmé avoir en sa possession « quelques documents » ayant appartenu à son oncle Roger. Dans un courriel subséquent, Serge Bellavance précise : « En fouillant, j'ai trouvé son journal de guerre écrit de sa main… »

Un journal de guerre ? De la main du Kid ? Après avoir pris rendez-vous avec Serge, j'attrape mon scanneur portatif et m'élance vers Québec au volant de ma Ford grise et sale. Matinée d'automne. Je quitte Montréal sous un mélange de pluie et de neige. Deux heures et demie plus tard, je m'engage sur le pont Pierre-Laporte. Une fois franchi le Saint-Laurent, j'évite de prendre la sortie vers Québec et file vers Pointe-de-Sainte-Foy, une banlieue cossue où se trouve le cube en miroir doré, quelque peu terrifiant, qui abrite les bureaux du ministère du Revenu du Québec. L'immeuble de Serge se trouve juste à côté, derrière un joli boisé. Je sonne. Le hall donne sur une salle de séjour aérée et bien éclairée. Je remarque tout de suite la somme de livres, d'articles de journaux, de photos anciennes et de correspondance que mon hôte a mis à ma disposition, sur une table. Serge m'offre même une affiche laminée montrant un Lancaster, le bombardier lourd que Coulombe a utilisé durant la guerre, avec sa cocarde tricolore sur le flanc et son motif de camouflage brun et vert. L'affiche est amusante, mais la véritable découverte de cette journée, la relique longtemps oubliée, la pièce manquante de l'histoire de la guerre des bombardements de ce côté-ci du golfe Saint-Laurent, c'est le journal de Roger !

J'ai tout de suite aimé le calepin à la couverture verte fermé avec serrure dans lequel Coulombe a couché ses réflexions à compter du 17 octobre 1942. On dirait une boîte à musique. Un jouet ballotté par le temps.

Le journal est le moyen que le Kid a trouvé pour déjouer la censure. Durant la guerre, la correspondance des militaires est épluchée, surveillée, caviardée. Un soldat ne peut rien dévoiler des opérations en cours. Il ne peut même pas dire où il se trouve. Avec ses feuillets sous clé dissimulés dans ses vêtements, Coulombe peut dormir tranquille. Et si jamais un supérieur découvrait son manuscrit, il n'aurait rien à craindre non plus puisqu'aucun commandant ne comprend le français.

En feuilletant le livret au hasard, je tombe sur une entrée datée du 2 décembre 1943. À la suite de son raid aux commandes du Lancaster P pour Peter, raid qui lui vaudra la Croix du service distingué dans l'Aviation (DFC), le Kid a écrit : « Nous pensions tous que nos jours étaient finis là. » Un garçon de vingt-deux ans qui dit ça. On a beau être désabusé, ça nous rentre dedans.

Sur la page de garde, il a inscrit son numéro de matricule (le J-19380), son grade, son nom, ainsi que l'adresse de ses parents dans le comté de Montmagny suivie de cette mention: *To be sent home*. (À retourner à la maison.) Contrairement au reste du journal, cette indication est formulée en anglais, la langue de l'aviation. Pas de tergiversations. Il était décidé à se faire comprendre. Dans l'éventualité où il serait porté disparu, le cahier devait suivre le reste de ses effets personnels et être rendu à ses parents.

Coulombe entame son journal alors qu'il se trouve à Halifax, quelques heures avant de traverser l'Atlantique. Le 17 octobre 1942, il amorce son récit avec ces mots: « Aujourd'hui, je suis allé communier. Je suis prêt à franchir l'océan. » On sent l'enfant qui prend garde de ne pas décevoir la maman dont la vie a été mise entre parenthèses à la suite de sa décision intempestive de partir à la guerre et d'entraîner son frère dans cette folle aventure avec lui.

Jusqu'à la fin de son service outre-mer au printemps 1944, Roger Coulombe s'appliquera à décrire, par une série de nouvelles brèves, les secousses de cette épopée insensée à laquelle il est mêlé en tant que bourreau, victime et enfant-soldat. Une cigarette vissée au bec, il écrit le plus souvent depuis la cabane de tôle ondulée, la hutte Nissen, où il loge avec une quinzaine de camarades (les toilettes sont à l'extérieur). Chaque soir, il détaille, dans un langage à la portée de tous, les décollages en pleine nuit avec 8 000 livres de bombes dans la soute, les manœuvres en tire-bouchon, les fusées éclairantes parachutées à l'avance sur les cibles, les chasseurs ennemis à leur poursuite, les mitrailleuses enrayées, l'équipage jamais content. Coupé à jamais de son existence antérieure. Se considérant comme un mort en sursis.

À Sainte-Foy, parmi les précieux documents mis à ma disposition, je trouve quelques feuilles brochées dont le contenu est à la fois semblable et différent du journal personnel. Ce *log book* que Coulombe collige pour ses supérieurs est rédigé en anglais. Tous les pilotes possédaient un tel journal de bord à leur nom. Celui de Coulombe est particulièrement imagé, avec de nombreux détails sur les avanies qu'il a essuyées en vol durant les raids.

Durant la guerre, le ministère de l'Air britannique avait recruté les meilleurs scientifiques pour améliorer les performances de sa flotte. Et comme tous les pilotes entraînés par la Royal Air Force, Coulombe testait la plupart de ces avancées dans l'industrie aéronautique à mesure qu'elles apparaissaient. La science des radars évoluait rapidement. Fabriqués dans le plus grand secret dans des usines disséminées aux quatre coins de l'île, les nouveaux bombardiers ressemblaient à des monstres futuristes avec leurs cabines transparentes, leurs nez en Plexiglas, leurs tourelles armées de mitrailleuses géantes. En 1942, des rumeurs couraient à propos d'un prototype récemment construit par la société Avro dont le principal atout était sa tactique opérationnelle de nuit censée le rendre invisible aux yeux de l'ennemi (espoir non fondé puisqu'aucun des puissants avions n'allait demeurer invisible aux yeux des nazis, même de nuit).

Dans son journal, Coulombe s'efforce de présenter ces innovations en un tout cohérent, compréhensible pour ses proches, qu'il imagine penchés sur ses comptes rendus après sa mort. Il veut aussi laisser filtrer l'ambiance dans laquelle baigne cette bataille nocturne, à laquelle il est tenu de participer. Hormis Antoine de Saint-Exupéry, Joseph Kessel ou Romain Gary, les pilotes de guerre francophones sont peu nombreux à avoir laissé des témoignages de leurs aventures. Dans la mesure de ses moyens, le Berlin Kid s'est appliqué à recréer, comme ces grands écrivains, la solitude du pilote et de son équipage au sein d'une entreprise de destruction. La guerre totale, en somme, racontée comme un grand reportage.

J'ai numérisé le journal du pilote de Montmagny avant de le rendre à son propriétaire. Par bonheur, mon scanneur ne m'a pas fait défaut et, cette nuit-là, à Sainte-Foy, je suis parvenue à reproduire presque chaque mot de la saga du Kid. C'est alors que j'ai pu mesurer le sens de l'histoire dont faisait preuve l'auteur qui, de retour de sa corrida extrême avec ses coéquipiers, prenait la peine de s'arrêter pour retisser la fureur qu'il venait d'expérimenter. « Ce soir, c'était encore Berlin… En revenant, nous avons éprouvé la terrible sensation de ne pas savoir où nous étions… » A-t-il promis ? « Maman, je vais écrire chaque jour pour vous. »

De retour à Montréal, après ma visite chez Serge, je trouve devant ma porte une enveloppe de papier kraft contenant quelques articles que ma recherchiste a recueillis en bibliothèque le jour même. Parmi ceux-ci, une photo publiée par *La Presse* le 21 juin 1951, soit six ans après la fin de la guerre. La photo est surmontée du titre suivant : « La Croix-Rouge au secours des centres isolés ». Ma recherchiste a surligné le nom de Roger Coulombe parmi ceux, des dentistes, mais aussi des infirmières, qui participaient à la clinique mobile de la Croix-Rouge en Abitibi durant cet été-là.

Je mets quelques minutes à me rendre compte que Godefroy apparaît également sur cette photo. Je le reconnais, accroupi au premier rang, le quatrième à partir de la gauche, aux côtés de Coulombe. Mon père et le Kid. Leur amitié se prolongeant pour trois mois, au-delà du cadre universitaire.

Je tombe des nues ! Mon père n'a jamais mentionné cette mission humanitaire dans le nord avec le Kid. Ni à moi ni à quiconque autour de moi. Pourquoi ce silence ? Que dois-je en conclure ? Une brouille ? Une césure, le temps, pour mon père, de se ranger et de fonder une famille ?

Deux ans plus tard, dans l'église d'Outremont, à Montréal, mon père se mariait, et le Kid n'était pas invité aux noces. Avec ma mère, Godefroy est parti s'installer dans un des « centres isolés » qu'il avait visités avec la Croix-Rouge. Du coup, il a coupé les ponts avec le Kid.

Pendant trente ans, God s'est abstenu de prononcer son nom. Puis, au tournant de la cinquantaine, il a été victime d'un accident vasculaire cérébral. Est-ce la perspective de passer l'arme à gauche qui l'a incité à parler? Le souhait de revisiter sa jeunesse une fois franchie la première moitié de son existence? Quoiqu'il en soit, mon père a invité le héros à remonter sur scène. Il a même répété son nom à quelques reprises, « le Berlin Kid », pour être sûr d'être entendu. Le Kid aimait se retrouver sous les feux de la rampe. Il adorait le théâtre, l'imprévu, la violence alors il ne s'est pas fait prier. Pour ma part, il m'a semblé entendre un rire.

Nous n'avions qu'à bien nous tenir: le Kid était de retour.

LE HÉROS MODERNE

**Alors que durant la guerre 14-18
l'individu est réduit à une statistique,
le deuxième conflit mondial accueille volontiers
les oiseaux rares comme lui.**

Havresac au dos, Roger Coulombe gagne l'un des ponts supérieurs du Queen Elizabeth, dont les cheminées royales laissent échapper une épaisse fumée noire dans le ciel d'automne. Appuyé à la rambarde, le Kid regarde s'éloigner les côtes de la Nouvelle-Écosse. Depuis l'entrée en guerre des États-Unis le 7 décembre précédent, le paquebot de la Cunard Line sert au transport des troupes. Le matin du 27 octobre 1942, 10 000 soldats canadiens se sont embarqués à bord du champion des mers, prêts à accoster en Grande-Bretagne.

À vingt-deux ans, le neuvième fils quitte son pays pour la première fois. Plafonds richement décorés, escaliers majestueux, miroirs en biseau, il peut admirer quelques-uns des vestiges du mode de vie luxueux réservé aux gens riches et célèbres. Il se demande si cette opulence renaîtra après la guerre. Le bateau file, et ils sont tassés comme des sardines à l'intérieur de leur « palais flottant ». Heureusement, la traversée se déroule sans encombre. Les sous-marins allemands ne les ont pas repérés. Le Kid peut bientôt admirer les côtes de l'île émeraude. L'Irlande, ses monastères, ses bibles enluminées, ses géants de légende, il a toujours aimé. En passant devant ses falaises, il croit entendre un violon. Une gigue ? Il connaît ce son. C'est celui de ses ancêtres.

Glasgow surgit ensuite, comme une grisaille hachurée de taches d'huile. Au moment de remonter la rivière Clyde jusqu'au port, un brouillard épais prend le navire en tenaille. Froide et impénétrable, la poussière d'eau les tient en otage. Il faut encore quelques heures avant que le paquebot jette l'ancre. Comme Coulombe n'a pas particulièrement le pied marin, il se sent délivré d'un poids. « Enfin, on débarque », rapporte-t-il dans son journal.

Après la traversée chaotique sur une houle incertaine, le train lui apparaît comme le moyen de transport le plus civilisé du monde. Convoi de nuit en plein *black-out*. Direction Bournemouth, station de villégiature située au bord de la mer, dans le Dorset, où la Royal Air Force a réquisitionné tous les hôtels pour loger les aviateurs des dominions et des colonies de l'Empire.

À Bournemouth, dans la rue et les cafés, il découvre, un peu éberlué, « des gens qui semblent sympathiques ». Toujours dans son journal, il poursuit son investigation un peu comme un Martien devant ses premiers humains : « Ce ne sont plus les Anglais dont j'avais entendu parler », déclare-t-il. Cela établi, il raffine son observation. « Quoique les choses semblent normales, les gens ont l'air de souffrir. On lit l'anxiété et l'inquiétude sur les visages. »

Il est rapidement envoyé dans une école, l'ATU (Advance Training Unit), située à Tatenhill, en plein centre de l'Angleterre. Il apprend que, dans la Royal Air Force, les aviateurs comme lui se font appeler les « Brylcreem Boys » en raison de leur coupe de cheveux attrayante et de leur succès auprès des filles. Coulombe possède une magnifique chevelure noire, abondante, légèrement ondulée. Cela ne lui est toutefois d'aucune utilité pour affronter les rats. Or le campement en est rempli. Il peut les entendre se frotter aux parois derrière les murs du dortoir. Il a même surpris l'une de ces sales bêtes en train de dévorer son chocolat. Un pressentiment affreux accompagne cette vision répugnante. « Le reste de ma vie, j'ai fait des cauchemars dans lesquels j'étais poursuivi par des rats », confiera-t-il à un historien.

Roland a traversé l'Atlantique six mois avant le Kid. Depuis son arrivée en Angleterre, le huitième fils a envoyé plusieurs lettres à la maison.

Pour des raisons de sécurité, le Blondinet n'a livré aucun indice sur l'endroit où il est stationné. Censure oblige, il se borne à vanter la beauté des jardins anglais (« toi qui aimes les fleurs, écrit-il à sa mère, tu serais ravie de voir les plates-bandes ici »). Dans le même envoi, il vérifie qu'elle a bien reçu « l'argent du gouvernement » (sans doute un montant prélevé sur sa solde). Il termine avec les doux mensonges que tous les soldats se croient en devoir de formuler à leurs proches : « Ne prends aucune inquiétude de moi, car je suis aussi *safe* qu'au Canada. Salutations à tous. Ton fils Roland. »

Comme Roland n'a jamais glissé un mot sur son affectation dans ses lettres, le Kid ignore où il se trouve. Il n'a aucun indice sur son numéro d'escadrille ni sur l'école qu'il fréquente. Il ne sait pas non plus si son aîné a commencé ses raids sur l'Allemagne, si ses compagnons sont canadiens (ils sont anglais), s'il est en forme, s'il s'adapte à son nouvel environnement.

Les jours passent.

Roger effectue ses premiers vols à bord d'un appareil Oxford, un favori des recrues. Les cours sont costauds. Il sent la pression. On lui fait passer des tests qui mesurent sa capacité à voler sur instruments, à maîtriser les atterrissages assistés de radars automatiques (Beam Approach Flying), à voler la nuit sous couvert nuageux, à utiliser le code Q pour communiquer par radio, etc. Il obtient 73,5 % à cette première ronde d'examens. Au bas de son relevé de notes, l'officier lui accorde une mention spéciale : « Un étudiant au-dessus de la moyenne qui comprend et applique bien l'atterrissage sur radar. »

Il apprend aussi à voler avec des pigeons. Ça peut sembler curieux. Au moment où on est en train de perfectionner les systèmes radars qui révolutionneront le transport aérien, les forces britanniques emploient toujours un *pigeon officer* qui supervise l'entraînement des petits soldats à plumes (des décorations militaires sont attribuées aux plus valeureux d'entre eux).

À cheval sur deux époques, Roger Coulombe fait ce que nous faisons tous : il embrasse la nouvelle technologie tout en s'accrochant aux anciens usages. Il sait bien qu'en pleine débâcle, un pigeon à moitié calciné ne ferait pas le poids, mais ça le rend tout chose de penser que, s'il était touché, l'oiseau rapporterait à la base les détails de la position de son avion, qu'il aurait préalablement enroulés autour de sa patte.

« J'ai eu un pigeon sur tous mes raids, écrira-t-il à un chroniqueur en 2007, et vous ne pouvez pas savoir à quel point sa présence me rassurait… »

L'année 1942 tire à sa fin. Toujours pas de nouvelles de Roland. Le Kid se heurte à la censure chaque fois qu'il tente d'obtenir de l'information à son sujet. Tout est compliqué. Il lui faut parfois mettre une journée entière pour passer un appel téléphonique. Et quand il finit par obtenir un responsable au bout du fil, il ne parvient pas à apprendre quoi que ce soit.

Son frère. Il constate à quel point Roland lui manque. Une photo dans son portefeuille les montre tous les deux, en uniforme, devant la maison familiale, sur les chaises Adirondack fabriquées par leur père. Sur la manche de leur veste, à la hauteur de l'épaule, l'insigne à trois chevrons porté par tous les sergents, et sur leur poitrine, les ailes (une pour Roland qui est radiotélégraphiste, deux pour Roger qui est pilote), preuve de leur réussite aux examens de l'Aviation.

Une autre photo de Roland, prise à l'aérodrome de Mont-Joli, le montre dans sa combinaison de vol doublée en mouton, les pieds dans la neige, devant un avion-école. Coiffé du fameux casque de cuir des *airmen*, il ressemble à Charles Lindbergh. Cette photo, qui pourrait orner l'affiche d'un film d'aventure, encapsule l'idéal des jeunes qui se sont enrôlés dans l'aviation avec l'espoir de quitter leurs terres endormies pour participer à la lutte titanesque que se livrent les nations.

Quand il cherche à obtenir quelque chose, le Kid peut se montrer aussi acharné qu'un castor sur un barrage. Sans se décourager, il frappe à toutes les portes jusqu'à ce quelqu'un accepte de répondre à ses questions. « Où, sur cette île de malheur, se trouve Rosario, dit Roland, Coulombe ? » « Secret, mon vieux. La sécurité m'interdit de vous le dire. » « Mais je dois parler à mon frère. Sans doute que vous avez un frère, vous aussi. Que diriez-vous si vous ne l'aviez plus vu depuis un an sans savoir où il se trouve ? » Et là, alors que le Kid ne s'y attend plus, le type lâche le morceau : Roland se trouve à Syerston, le terrain de rattachement de la 106e escadrille. Le lendemain, coup de pot, Roger parvient à avoir le huitième fils au bout du fil. Avant que la communication soit coupée, ils se donnent rendez-vous à Nottingham, ville située près de Syerston.

Trois mois après son arrivée en Angleterre, le matin du samedi 5 décembre 1942, le Kid peut enfin serrer le Blondinet dans ses bras. « Nous en avons profité pour parler, tu peux en être sûre… » rapportera ce dernier dans une lettre à sa sœur Pierrette.

Selon la légende familiale, Roland s'est ouvert de ses inquiétudes à son frère cadet ce jour-là. Il craignait pour sa peau, ne voulait plus grimper là-haut. Avec son côté gladiateur, toujours prêt à monter au front, Roger lui a rappelé qu'il volait Lancaster, le meilleur bombardier du monde. Roland n'en avait cure. Il était, selon ses propres termes, « fatigué d'étudier » et se languissait du nid familial. Le Blondinet appréciait les choses simples. Son ambition ? Fumer une cigarette sur le quai de Berthier en regardant les bateaux passer.

Roger remonte le col de sa vareuse. Dans son journal, ce soir-là, il pousse un soupir de soulagement : « Je suis heureux maintenant parce que j'ai vu mon frère. » Il ignore qu'il a serré Roland dans ses bras pour la dernière fois.

Durant leur brève rencontre, les frangins sont allés au cinéma où ils ont assisté à une séance de *Gone with the Wind* (*Autant en emporte le vent*), avec Clark Gable et Vivien Leigh. Premier lieutenant dans la US Air Force, Clark Gable, alors âgé de quarante ans, est attendu en Angleterre pour participer à ses premiers raids sur l'Allemagne. Il effectuera sa mission à bord d'un B-17 le fameux bombardier *made in USA* qu'on surnommait Flying Fortress. Plus confortables que les Lancaster, les « forteresses volantes » sont toutefois jugées moins performantes. Du moins, c'est l'avis des Britanniques, un peu agacés de savoir qu'à quelques milles de leurs maigres baraquements les Américains sont nourris aux hamburgers et à la glace à la vanille, alors que les aviateurs portant l'uniforme azur sont forcés d'ingurgiter jour après jour la même concoction de choux de Bruxelles noyés dans le *gravy*.

Ce soir-là, les deux frères auraient facilement pu imaginer l'acteur sortir de l'écran et enjamber les premiers sièges de la salle obscure pour venir à leur rencontre. Où finit la réalité ? Quand commence la fiction ? Les Coulombe appartiennent à la première génération d'adolescents dont les rêves sont pris au sérieux. Alors que, durant la guerre de 14-18, l'individu était réduit à une statistique, le deuxième conflit mondial accueille volontiers les funambules, les oiseaux rares, les acrobates comme eux. La guerre se présente alors comme un amphithéâtre, avec ses pièges, ses dieux. À bord de leurs gros avions de fer, les meilleurs d'entre eux vont apprendre à briller, à se distinguer. Les autres vont mourir. L'ère du héros moderne vient de débuter.

MAUDITS ANGLAIS !
MAUDITE ANGLETERRE !

**Ou comment notre héros prend conscience
de son insignifiance dans l'immense machine
de guerre du Bomber Command.**

Chaque matin, le Kid se réveille en pensant à son frère. Il n'a pas revu Roland depuis *Autant en emporte le vent*.

Ils se sont promis de passer Noël ensemble. En date du 24 décembre, toujours pas de nouvelles. Roger se ronge les sangs. Loin des siens, les fêtes de fin d'année ont quelque chose de crépusculaire, voire de surréaliste par moments. Pour finir, il attrape la grippe. Fiévreux, il blâme sa famille. « Les lettres de la maison n'arrivent pas trop souvent, raille-t-il dans son journal. Personne n'a l'air de s'en faire… » Une rancœur qu'il regrettera plus tard.

Le 1er janvier 1943, penché de nouveau sur son journal, il ne décolère pas : « C'est aujourd'hui le jour de l'An. On dirait plutôt un Vendredi saint dans cette station boueuse et froide. Je n'ai pas pu rencontrer Roland. Ce soir, je me joindrai à un groupe de confrères pour boire et danser. Il faut faire quelque chose, sinon on va mourir avec ces "cochons d'Anglais". »

Quinze jours plus tard, il endommage un avion durant l'entraînement. Les nerfs en boule, il sent la peur l'envahir. Comme un nageur qui s'est éloigné de la rive et qui est menacé de boire à la grande tasse, il découvre tout à coup sa vulnérabilité : « Maudite station ! Si c'était à recommencer, jamais je n'accepterais de traverser ici, jamais ! ».

Un mois s'écoule. Ses lettres à Roland lui reviennent avec la mention *Return to sender*. (Retourner à l'expéditeur.) Son frère a-t-il été muté dans une autre station ? Peut-être en Afrique du Nord ? Au désespoir, Roger présente une requête à deux de ses supérieurs dans l'espoir d'obtenir un congé de quarante-huit heures pour tirer la situation au clair. Réprimant un bâillement, ces officiers de la Royal Air Force refusent la permission demandée. Tout simplement.

Le Kid prend alors conscience de son insignifiance dans l'immense machine de guerre du Bomber Command. Un pion sur l'échiquier, voilà ce qu'il est. La perte de ses illusions le rend étonnamment lucide : « Maudits Anglais ! aboie-t-il. Maudite Angleterre ! On nous demande sacrifice après sacrifice, on réclame notre sang, mais on ne donne rien en retour. »

Trois semaines s'écoulent. Après s'être démené pour obtenir un avion, il parvient à atterrir à la base de Syerston, où Roland est stationné. Une fois à terre, il se précipite dans le bureau du commandant. Le vertige de cet instant ne le quittera jamais entièrement. On lui annonce la nouvelle sans ménagement : Roland est porté disparu depuis le 3 février, avec le reste de son équipage. Les communications radio avec leur avion se sont interrompues et n'ont jamais repris depuis cette nuit-là.

Le 4 mars, Roger transmet la nouvelle à son frère Armand. Le télégramme se trouve toujours dans ses archives : ROLAND PAS REVENU – PRÉPARE MAMAN – AVERTIS LES AUTRES – ATTENDS LETTRE DE MOI – À BIENTÔT – ROGER

Il se rend à Londres, au 14, Oxford Street, où se trouvent les bureaux du Missing Research Section. Un planton du ministère de la Défense lui remet une confirmation officielle : « Le sergent Roland Coulombe, radiotélégraphiste appartenant à la 106e escadrille de la Royal Air Force, a été tué au-dessus de l'Allemagne au cours d'un raid sur Hambourg. » Le document spécifie que la Croix-Rouge internationale a enterré « SJT. J. R. Coulombe » dans le cimetière de Wunstorf, à Hanovre. Roger ne peut s'empêcher de penser que, ses initiales et son rang étant les mêmes que ceux de son frère, il aura droit à une petite croix de bois blanche absolument identique advenant sa mort aux mains des nazis.

Ce soir-là, il pleure à gros bouillons dans le train qui le ramène à Linton. Roland était un type extraordinaire et il avait promis à leur mère de veiller sur lui. Au contraire de Roger, le Blondinet était sans malice. La guerre était aussi éloignée de sa nature que l'algèbre ou la peinture à l'huile. Finalement, si son frère est mort, c'était sa faute. Dans ce train qui file au milieu de l'Angleterre en guerre, il manque de souffle tant l'air est saturé de sa culpabilité. Il va s'évanouir. « J'ai tellement de peine que j'étouffe », confie-t-il à son journal.

LE PATRON

Pour le meilleur ou pour le pire, Sir Arthur Harris est leur Napoléon, le conquérant qu'ils ont juré de suivre jusqu'au bout.

Au cœur de Londres, devant St. Clement Danes, qui est l'église officielle de la Royal Air Force, on peut voir la statue du maréchal de l'air Arthur Harris (1892-1984), qui était le commandant en chef du Bomber Command pendant la guerre.

Juché sur un socle de près de six pieds, le monument personnifie Harris en uniforme, tenant ses gants derrière son dos. Depuis son inauguration en 1992, la statue est régulièrement vandalisée. Motif? L'offensive menée par le chef du Bomber Command qui a fait 600 000 victimes parmi les civils en Allemagne. Un massacre. L'indignation des protestataires a toujours épargné les aviateurs, comme Coulombe, que les pacifistes incluent parmi les victimes du commodore, mais elles ont fini par gruger la mémoire de celui que ses subordonnés surnommaient « Butcher Harris » (Harris le Boucher).

Au printemps 2020, des militants de Black Lives Matter ont demandé à leur tour le retrait de la statue. Cette fois, les manifestants reprochaient au chef du Bomber Command ses liens avec le système colonial anglais, liens qui lui avaient permis de prospérer en Rhodésie (le Zimbabwe actuel), parmi les propriétaires terriens, avant de se hisser à la tête de la Royal Air Force en 1941.

Harris était effectivement le produit d'un système colonial raciste et corrompu. Il est également le Napoléon qui a dirigé d'une main de fer la guerre des bombardements alliés. Churchill l'appréciait, mais il lui tenait la bride, conscient que se tenait devant lui un fanatique incapable de résoudre un conflit autrement que par la violence ainsi qu'un boutefeu susceptible de se faire des ennemis dans tous les camps.

Partisan des bombardements en zones peuplées, Harris misait sa carrière sur l'issue de son duel avec les villes du Reich. À l'instar de Caton l'Ancien qui, durant les guerres puniques, scandait à tout vent la nécessité de « détruire Carthage », le maréchal de l'air britannique insistait sur l'importance de saccager les villes d'Allemagne et d'en immoler les habitants, jusqu'au dernier s'il le fallait. Persuadé que l'aviation constituait l'unique chemin vers la victoire, il avait convaincu les Américains de pilonner l'Allemagne de jour, tandis que les escadrilles sous son commandement jetaient leur feu sur l'ennemi la nuit.

Chaque matin au réveil, Harris se rappelait la nuit du 7 septembre 1940 où, impuissant, il avait assisté aux premiers bombardements effectués par la Luftwaffe (la branche aérienne de l'armée allemande) sur Londres. Cette nuit-là, face à l'ouragan de terreur déclenché par Hitler, il s'était écrié en levant un poing rageur vers le ciel : « Qui sème le vent récolte la tempête ! »

Le Blitz qui s'étira jusqu'au printemps 1941, fit 40 000 victimes parmi les civils en Grande-Bretagne. Harris s'est alors juré qu'il ne connaîtrait pas le repos tant que l'Allemagne nazie respirerait. Il perdra 55 000 de ses propres hommes dans la bataille.

« Est-il le boucher des Allemands ou le nôtre ? » demande le Québécois Gilbert Boulanger dans ses mémoires publiés à Montréal en 2010. Originaire du comté de Montmagny comme le Kid, Boulanger a pris la plume à quatre-vingt-sept ans pour raconter son expérience comme mitrailleur au sein de l'escadrille des Alouettes durant la guerre. Conscient de n'être qu'un sergent aviateur « que les seigneurs de la guerre ne consultent pas », il a dû subir la tyrannie de son général, comme tous ses collègues.

Quelques mètres séparent la statue du chef de l'aviation de bombardement britannique du portique de St. Clement Danes. À l'intérieur de la petite église, dans un décor blanc et or, la courte vie des jeunes aviateurs martyrs est évoquée. Atmosphère quasi mystique rehaussée par l'assemblage d'écussons aux couleurs fanées ornant le sol. Chacun de ces huit cents blasons représente une des escadrilles ou un des commandements qui ont combattu sous la direction du Bomber Command.

Coulombe a servi comme pilote dans la 426e escadrille, dont le blason était le Thunderbird (l'Oiseau-Tonnerre). Je décris celui-ci à une bénévole, qui me tend aussitôt un plan. Aile droite, au milieu de la nef. Gravé sur le plancher d'ardoise, le totem se détache parmi les dizaines d'écussons dont plusieurs sont d'apparence médiévale.

Une musique se fait entendre tandis que je marche dans la travée. Une cantate, peut-être de Bach, en provenance de l'orgue à la mezzanine. Je pense tout à coup à Roland, dont le blason (un lion) se trouve certainement ici. Comme Mercier, comme Provost (que le Kid mentionne dans une lettre et que je nomme à tout hasard sans savoir qui il est), le Blondinet a perdu sa jeunesse à 20 000 pieds au-dessus d'une guerre sans que quiconque, pas même un pigeon, soit jamais revenu nous raconter quelle a été sa dernière pensée ou vers quel objet, humain ou autre, il a tourné les yeux une ultime fois.

Le Kid n'est pas le seul pilote québécois à avoir perdu un frère durant la guerre des bombardements. Originaire de New Carlisle, en Gaspésie, Gérard Poirier a lui aussi pleuré un aîné qui l'avait précédé en Angleterre. Radiotélégraphiste, Wilson Poirier a été tué avec le reste de son équipage au cours d'une mission le 12 février 1942. À New Carlisle, René Lévesque a pu constater à quel point cette disparition avait affecté sa famille. Le futur premier ministre était un grand ami des Poirier, surtout de Gérard, qui reviendra de la guerre en héros, après avoir complété trente-sept sorties sur l'Allemagne.

Dans son autobiographie publiée en 1986, Lévesque rend hommage à son chum pilote le seul, dans ses souvenirs de petit gars, « capable de dénicher des perdrix et de les descendre ». « Leader, il l'était déjà quand nous nous connûmes », rapporte l'ex-premier ministre dans *Attendez que je me rappelle...*

Au-dessus de l'Allemagne et de la France occupée, Gérard Poirier a piloté un Wellington, un gros bimoteur dont le siège était juché à vingt pieds du sol. Coulombe connaissait bien cet appareil, mais il lui trouvait un nez trop lourd, ce qui entraînait un problème de stabilité. Il désespérait d'avoir à continuer la guerre aux commandes d'une telle savate.

Gérard Poirier ne connaissait pas le Kid, mais leurs trajectoires se ressemblent. Comme Roger, l'ami de René Lévesque a survécu. Comme le gars de Montmagny, il a été décoré pour son leadership et « sa galanterie durant le combat ». Les similitudes cependant s'arrêtent ici. Après la guerre, Poirier a épousé Marion Nelson, une Canadienne anglaise membre de la branche féminine de la RCAF. De retour à New Carlisle, il a repris la ligne Gaspé-Montréal comme chef de train tel que l'avait fait son père avant lui. Marion est devenue une artiste réputée pour ses textiles.

À la guerre, où les amis s'évaporent comme l'éther, on saluait un type le matin pour ne plus le revoir bien souvent. Comment le perdant magnifique a-t-il terminé sa courte vie ? A-t-il eu l'occasion de boucler son parachute ou a-t-il péri soudé à un appareil en fusion ?

Les autorités militaires décourageaient ce genre de cogitations. Une fois la disparition confirmée, on se débarrassait des hardes du jeune homme pour laisser la place à une nouvelle recrue. *The show must go on.* « On se construit une carapace », prévient Gérard Poirier dans les mémoires qu'il a rédigés pour sa famille. Avec la sagesse que donne le recul, il dresse ensuite le constat suivant : « Les séquelles viendront plus tard. »

LONDRES

**Réveillé dans sa chambre d'hôtel par une alerte,
le Kid pourrait aller se réfugier dans le métro,
mais il préfère se précipiter dans la rue pour
observer l'attaque allemande au-dessus de sa tête.**

Après la mort de Roland, le Kid a eu du mal à se retrouver. Du jour au lendemain, sa belle arrogance a fondu. Cette humilité passagère transpire dans ses relations avec les siens. Finis, les commentaires assassins et les insinuations perfides. Le clan lui redevient tout à coup extrêmement précieux. Avec une sollicitude d'autant plus touchante qu'elle ne lui est pas naturelle, il s'extasie dans son journal devant « les paquets délicieux » qui lui sont parvenus et qui ont été préparés « avec une si minutieuse attention » par « un trésor de mère, de frères et de sœurs ».

Au moment de s'enrôler, il avait envisagé cette aventure comme un numéro de cabaret, périlleux certes, mais fabuleux. L'occasion d'échapper à l'âge vapeur de Berthier-en-Bas.

Deux ans se sont écoulés et le cabaret a pris l'aspect d'un ballet funèbre. Le Kid pénètre dans un monde crépusculaire où la mort l'attend. À vingt-deux ans, il a subi en quelques mois plus de deuils qu'il en vivra durant toute son existence. Des pertes dont il ne se remettra jamais.

De manière tout à fait caractéristique, il s'évade dans l'étude. De mars à mai 1943, il planche avec passion sur ses cours de pilotage. Les examens au sol, ça va, mais là où il se démarque, c'est dans les airs. Il n'est pas toujours très calme, cependant, comme l'observe son instructeur, l'officier Roncoroni : « Ce pilote, écrit-il, s'est révélé très fiable. Il a tendance à s'énerver légèrement, mais, l'expérience aidant, il devrait pouvoir devenir un bon capitaine. »

Le soir, dans la caserne, privé du vacarme des moteurs, Roger se vautre dans son lit, prend un livre, sirote une bière tiède. Les gars débitent des niaiseries dans les box à côté. Mais l'entourage ne se transforme-t-il pas en asile d'aliénés quand on a mal ? Il voudrait crier tant Roland lui manque. Pourtant, dans son journal, il est incapable d'écrire son nom.

Son esprit encyclopédique l'aide à gérer sa peine. Il lit les journaux, joue du piano sur l'instrument du mess, apprend l'anglais, dont la maîtrise est indispensable pour réussir dans l'aviation. « Je me suis acheté ce qu'il y a de mieux en fait de dictionnaire anglais », se vante-t-il dans une lettre à sa sœur Pierrette, qu'il appelle « Pierrot chéri ». Le dictionnaire, la clé des savoirs.

Son salut, Roger Coulombe le devra en grande partie à sa créativité, à sa polyvalence, à sa personnalité atypique dont les manies priment en grande partie le reste. Il est cultivé, brillant, original, un peu méchant, jamais banal. Quand il s'adonne à quelque tâche, son cerveau hyper performant ne pense à rien d'autre. Or le Kid de Montmagny est fou d'huile chaude et de moteurs, d'hélices, de compas, d'amortisseurs et de trains d'atterrissage. Il adore s'investir à fond dans son nouveau métier et ne lâchera pas tant qu'il ne sera pas au sommet de sa profession.

Décidé à mordre dans la vie malgré tout, le neuvième fils a aussi hâte de goûter le fruit défendu qui effraie tant sa mère : la mégapole cosmopolite.

Un matin du printemps 1943, il file vers Londres à bord d'un train vétuste aux banquettes de bois blond ornées de velours rouge. Depuis le temps qu'il en rêve, la mégapole de l'Occident, la ville de Sherlock Holmes et de Big Ben s'ouvre enfin à lui.

Parvenu à la gare Victoria, il marche jusqu'au majestueux pont de Londres. Il trouve la Tamise boueuse et sale comparée aux rivières du comté de Montmagny. Il se rend ensuite au Strand Palace Hotel, où une chambre lui a été réservée. Dans le hall, il croise de nombreux uniformes, mais aussi des femmes qui sentent la lavande. Les lits sont confortables. Le pub se trouve au premier étage. Après avoir déposé ses maigres effets sur le lit de sa chambre, il se lance à la découverte de la cité.

Londres, ses pubs, ses monuments, ses édifices dévastés. Le Kid apprécie l'ambiance. Pas du tout ce qu'il avait imaginé. Sergents, officiers, capitaines, il n'y a plus de différence. Ce brassage social, lui a-t-on dit, résulte de la guerre. Il reçoit des invitations à la pelle. Avec un ami, note-t-il dans son journal, il a sillonné la ville, accompagné par « deux beautés ». Il n'en révèle pas davantage. Il a compris la leçon. « Ne jamais nouer d'amitiés tant que le conflit n'est pas terminé », se répète-t-il en pensant à ceux qu'il ne reverra plus. Mais l'amour, il n'y a que ça de vrai quand on est loin de chez soi, avec un boulot impossible à accomplir...

Le Strand Palace Hotel existe toujours, sauf que les gens qui y travaillent ignorent qu'il y a eu la guerre ici. En quête de quelques vestiges, je tombe sur une dizaine de photos en noir et blanc encadrées sur le mur du fond de la salle à manger. Parmi ces clichés datant de l'ère du *Titanic*, il y a les anciens salons, richement décorés : The Billard Room, The Smoking Room, The Winter Garden, ces salles à l'éclairage tamisé où les gentlemen se donnaient rendez-vous. On dirait les superbes atmosphères tissées par Agatha Christie.

J'imagine le Kid traverser au pas de course l'une de ces pièces drapées de velours en quête de la sortie alors qu'il vient d'être réveillé à deux heures trente du matin. On est le 18 mai 1943. Surpris dans son sommeil par une alerte, il pourrait aller se réfugier dans une bouche de métro, mais, l'excitation l'emportant, il se précipite dans la rue pour observer l'attaque allemande au-dessus de sa tête. Fidèle à son habitude, il relate la scène dans son journal :

« Soudain, j'aperçois un bombardier à siège unique qui plonge à faible altitude pour éviter un puissant barrage de tirs en provenance des canons antiaériens de l'armée britannique. Je le vois juste au-dessus de l'hôtel... mais il ne lâche pas ses bombes sur nous. »

Deux jours plus tard, à Soho, il se trouve dans un club lorsque la sirène retentit. Attrapant son paquet de cigarettes, il se lève dans l'intention de se mettre à l'abri. Notant que personne ne bouge, il se ravise. « Nous demeurons à nos tables et continuons à danser et à boire du scotch », écrit-il dans son journal.

« Londres nous attirait comme un aimant », constate à son tour le pilote Gérard Poirier dans son récit de guerre. L'ami de René Lévesque ajoute : « On se montrait tellement amical envers nous. Dans la rue, les gens s'arrêtaient pour nous parler comme si on se connaissait depuis toujours. Je n'ai jamais rien rencontré de tel depuis. »

Cette solidarité sous les bombes, on a peine à l'imaginer aujourd'hui. Pourtant, ces moments sont évoqués avec une nostalgie poignante par ceux qui les ont traversés. Le paradoxe n'échappait à personne puisqu'ils risquaient de mourir le lendemain, mais ils se sentaient tellement vivants, tellement soudés les uns aux autres, qu'ils avaient l'impression de s'être transformés en quelque chose de précieux comme une œuvre d'art. Ils se rendaient compte que ce moment était éternel et qu'ils ne l'oublieraient jamais.

elle
a pris
des cours.

VOL DE NUIT

Le Lancaster est le stradivarius des bombardiers lourds, « le plus beau, le plus parfait », selon notre héros.

« Je te plumerai… » Réservée aux Québécois et aux Ontariens francophones, l'escadrille 425 Alouette tirait sa devise de la plus célèbre chanson folklorique du Canada français. Selon toute vraisemblance, Roger Coulombe aurait dû voler avec les Alouettes.

Surprise, au printemps 1943, il est plutôt repêché par le Thunderbird (l'Oiseau-Tonnerre). Regroupant des aviateurs majoritairement issus du Canada anglais, le 426 est basé à Linton-on-House, dans le Yorkshire. Aucun pilote francophone ne figure alors dans ses rangs.

Entre les branches, Coulombe a appris que le Thunderbird serait la première escadrille canadienne à utiliser les appareils Avro Lancaster. Avec sa silhouette de chauve-souris géante, son dôme transparent, ses quatre moteurs à hélices superpuissants, ses ailes noires aux formes préhistoriques, le Lanc' est un animal dressé pour tuer. Une furie dont les tentacules crachent du feu au moyen de ses huit mitrailleuses bien huilées.

Les yeux tournés vers le Lancaster, Coulombe a peut-être insisté pour obtenir une affectation avec le Thunderbird. À la télévision de Radio-Canada, en 1995, il prétendra qu'il n'a pas eu le choix. Une note dans son journal prouve au contraire qu'il n'était pas mécontent de la situation. « J'ai rejoint l'escadron 426. À ce qu'il paraît, j'irais sur des Lancaster. Ce serait magnifique ! C'est le plus gros des bombardiers géants, le plus beau, le plus parfait. »

Pour l'aider à maîtriser le stradivarius des bombardiers lourds, l'organisation lui offre une formation spécialisée, « une faveur immense que m'accorde l'aviation », écrit-il à sa sœur Pierrette. Puisque les pilotes sous commandement britannique sont affectés aux vols de nuit, Roger devra partir en mission après le coucher du soleil, tel un aviateur de minuit. Après des mois de préparation, il trouve un sens à ce qu'il accomplit. Se couler dans ce modèle de perfection qu'est le Lanc' a en effet quelque chose de grisant. Il s'agit en outre de l'avion, comme on le reconnaîtra plus tard, « qui a brisé le Reich allemand » (*the plane that broke the Reich*).

« Il me faudra travailler comme un fou », ajoute-t-il dans la même lettre à Pierrette. À la veille de participer à ses premiers combats, il envisage d'atteindre le sommet, le *top*. Autour de lui, on y croit. Pour cette raison, il est l'objet de menus attentions et privilèges. « Moi qui depuis mon arrivée en Angleterre n'avais pas vu l'ombre d'une orange, je peux à présent en manger une par jour ! N'est-ce pas magnifique ? » s'extasie-t-il encore dans sa correspondance avec Pierrette.

Qu'importent les baraques infectes, la bière fade, les choux de Bruxelles pourris, avoir sous ses paumes les commandes d'un instrument inestimable doté d'une mécanique rodée au quart de tour, avec un boîtier unique, lui procure un réel plaisir. Alors qu'il est sur le point de devenir premier pilote et capitaine de son équipage, jamais, il ne s'est senti aussi heureux. Il voit son destin prendre le virage qu'il espérait.

À l'intention des jeunes à la maison (et plus particulièrement de ses frères), il énumère les caractéristiques du Lancaster : les cent deux pieds d'envergure de l'avion, sa longueur de soixante-neuf pieds, sa hauteur de vingt pieds, ses quatre moteurs Rolls-Royce Merlin. Le Lancaster, renchérit-il dans son journal, pèse 36 500 livres sans munitions et peut absorber cent trente-six gallons de carburant. Il oublie de mentionner que, pour laisser un maximum de place aux explosifs, il n'y a à bord ni toilettes (seulement un *pee can*) ni système de chauffage décent (pour compenser, on leur donne des combinaisons chauffantes... dont les fils électriques sont très souvent défectueux).

Comme le Lanc' peut transporter quatre fois plus de bombes que ses prédécesseurs, Winston Churchill le porte en haute estime. Attentif aux dernières découvertes technologiques, le premier ministre britannique attend beaucoup de cette caravelle surarmée que l'on compte confier aux meilleures recrues du Commonwealth.

Le samedi 17 juillet 1943, après plus de dix mois d'entraînement en Angleterre, Roger Coulombe effectue son premier vol d'exercice sur le plus récent prototype du Lancaster, le Mark II.

Aux commandes du DS 635-V pour Victor, il avale la piste en rugissant pour exécuter une ascension sans faille. Il faut admettre que l'exercice aurait été en tout point irréprochable si, au dernier moment, juste avant de décoller, il n'avait subi une crevaison.

Inquiet, mais pas au point de perdre ses moyens, Coulombe prévoit faire demi-tour et atterrir sur la roue qui lui reste. Pas question ! ordonne son instructeur de vol par voie radio : « Sergent, vous allez atterrir sur le ventre de l'avion. Compris ? Nous vous attendons avec des secours. »

« J'ai choisi de les ignorer », rapportera-t-il au début des années 1990 aux auteurs de *Reap the Whirlwind: The Untold Story of 6 Group, Canada's Bomber Force of World War II*.

Les vols sur les avions d'école sont importants, car c'est à partir de ceux-ci qu'un pilote est évalué. Coulombe sait qu'il joue son avenir. À la barre du V pour Victor, il supprime le son des écouteurs dans son casque. De cette façon, il ne peut plus entendre les ordres, ce qui pourra lui servir d'excuse plus tard. Après avoir tourné en cercle au-dessus de la piste, il amorce sa descente, le train d'atterrissage déployé. Son instructeur s'impatiente : « Rog, rétractez vos roues ! Immédiatement ! C'est un ordre, sergent ! » Paroles prononcées en vain. Coulombe a déjà commencé sa descente. Une dernière fois, il embrasse du regard le terrain, les arbres, le petit fossé au bout. Pas droit à l'erreur. Sur le point de se poser, il demande à l'équipage de se placer en position d'urgence, dite *crash position*. Puis il plonge.

L'appareil pourrait subir une rotation au sol, auquel cas il s'écraserait. À cinquante pieds, le dragon oscille vers la gauche, puis… se redresse. Une main sur les gaz, le Kid compte utiliser la roulette située sous la queue de l'avion comme béquille pour trouver son équilibre. Ça marche ! Une sensation incomparable l'envahit. Le bien nommé V pour Victor lui obéit au doigt et à l'œil. Pas de coup dans le moteur, pas d'explosion. Le Kid fait glisser le serpent sur le tarmac comme un dauphin sur les flots. Toute une performance. Lui qui n'a pas la fâcheuse tendance de son peuple à se déprécier n'hésite pas à s'attribuer tous les mérites : « La tâche était intense, puisque personne n'avait [fait] atterri[r] un Lancaster de cette manière [auparavant]. Mais l'atterrissage a été brillant. Personne de blessé. Pas même un pouce de dommage à l'avion. J'ai été félicité par le gratin. »

Ah ! le gratin. Il poursuit : « À peu près trois cents personnes s'étaient massées sur le tarmac pour voir le *crash* annoncé.

Les pompiers, l'ambulance, le *commanding officer*, deux chapelains et deux docteurs, tous étaient là pour ramasser les restes d'un écrasement qui semblait inévitable… »

Avec ce tour d'adresse, impossible de lui administrer une sanction pour avoir désobéi aux ordres. N'a-t-il pas sauvé Victor de la casse ? Le *kite* aurait été inutilisable pendant de longs mois s'il avait atterri sur le ventre. Au lieu de quoi le quadrimoteur reprendra du service le lendemain.

Durant les semaines qui suivent, il effectue quatre tests supplémentaires aux commandes du même DS 635-V, puis un dernier *solo check* sur un autre Mark II. Chacun de ses « chéris » possède ses propres caractéristiques. Le Mark II, par exemple, est équipé de moteurs Bristol Hercules à quatorze cylindres, alors que les premiers modèles d'Avro Lancaster sont dotés de moteurs Rolls-Royce Merlin.

L'atterrissage avec le pneu crevé scelle son histoire d'amour avec le Lancaster. « Je n'ai jamais piloté un avion aussi parfait de ma vie », se réjouit-il dans son journal. Sensible aux signaux que la bête lui transmet, il fait corps avec la respiration géante des moteurs. Il n'est pas encore capitaine de son équipage, mais il sait désormais qu'il peut figurer parmi les meilleurs.

Pendant ce temps, la guerre rugit, lui entre dans la peau, brûle son imagination. Dans un contexte aussi toxique, il lui semble indécent de se réjouir de sa bonne fortune. Le malheur viendra tôt ou tard et, effectivement, il ne tarde pas à surgir. Deux jours après l'exploit du Kid sur le Victor, Jacques Mercier, le gentleman de Châteauguay, est porté disparu avec son équipage au-dessus de la France. Leur Wellington s'est évanoui dans l'espace. Coulombe encaisse la nouvelle comme un avertissement. Un reproche à l'égard de sa vanité ? Le fils de la grande dynastie québécoise n'est plus. Le 10 juillet, le Kid évoque le drame dans cette même lettre à sa sœur cadette où il semble si heureux de sa performance à l'entraînement : « Je t'assure, ma chère Pierrette, que ça fait mal de perdre son frère, puis de voir disparaître ses plus grands amis. Tu comprends, j'étais avec Jacques Mercier depuis que je m'étais enrôlé et nous ne nous sommes séparés que lorsque nous sommes allés dans deux *squadrons* différents. Nous étions exactement comme deux frères. »

Il admirait Mercier, sa générosité, sa simplicité et son côté rebelle, explique-t-il à sa sœur. « Mercier était encore sergent », déplore-t-il en énumérant les raisons qui auraient entravé son avancement. « Il n'était pas, tout comme moi d'ailleurs, un de ces gars qui s'écrasent à quatre pattes devant les instructeurs pour cirer leurs bottes. »

La perte de son ami Jacques lui donne ainsi l'occasion de se prononcer sur les lèche-culs qui accaparent les nominations dans le corps de l'aviation. « J'ai bien peur de finir sergent, avoue-t-il encore à Pierrette. En tout cas, si j'obtiens une promotion au grade d'officier, je n'aurai certainement pas « siroté » pour l'avoir. Je l'aurai gagnée à force de travail, d'étude et d'intelligence. »

Il compare sa situation à celle d'un certain R, qui jouit d'une position enviable dans l'armée. « Ce n'est pas lui qui court les plus grands dangers. Il est bien assis sur son derrière et ne fait pas autre chose que de la graisse et de la broue. Je suis sûr qu'il me trouve cruche d'être seulement sergent. Je vais lui offrir une randonnée un soir au-dessus de l'Allemagne pour voir. J'ai bien peur qu'il refuse. »

R lui a écrit, justement. Une lettre assez brève, spécifie-t-il à Pierrette. « N'en parle à personne, poursuit-il, mais j'ai compté onze fautes d'orthographe et de grammaire là-dedans. Sans compter les multiples fautes de construction littéraire. Un chef-d'œuvre ! Et cette buse est lieutenant ! »

Sa jeunesse. Ses ambitions. Son arrogance. Je crois qu'on l'aime pour cet alliage de fougue et de passion. Sans doute que plusieurs le détestent pour les mêmes raisons. Il a des opinions très tranchées. On peut même le qualifier d'imbuvable, mais il se montre loyal en amitié. Tel est Roger Coulombe à la veille d'entrer dans la bataille.

LA CONFÉRENCE DE QUÉBEC

Le Kid entreprend ses premières missions au-dessus de l'Allemagne au moment où Winston Churchill donne le feu vert à la bataille de Berlin.

Depuis le début de la guerre, c'était une vérité universellement reconnue que la force de frappe aérienne alliée allait jouer un rôle décisif pour contraindre Hitler à la capitulation. Arthur Harris le croyait. Arthur Harris le disait : « Donnez-moi 20 000 bombardiers et je ferai en sorte que le cœur de l'Allemagne cesse de battre. » Destinée à casser la résistance ennemie, la doctrine Harris prévoyait la destruction des zones habitées de Berlin ainsi que des principaux centres urbains allemands.

Le massacre à l'aveugle et délibéré de civils par l'aviation britannique au cours de ces bombardements sera vertement critiqué une fois la paix revenue. Churchill s'en doutait bien, mais il était coincé. Pour prêter main-forte à Staline, son nouvel allié, il lui fallait une offensive outre-Rhin. Or comment atteindre l'Allemagne, sinon par la voie des airs ?

Harris lui ayant dit posséder assez de puissance pour réduire l'ennemi en cendres, Churchill en était venu à la conclusion que seule une guerre totale pouvait venir à bout du nazisme.

Il s'était rangé derrière les arguments de son maréchal de l'air quelques jours seulement avant de s'embarquer pour Québec, où une réunion rassemblant les états-majors du Canada, de la Grande-Bretagne et des États-Unis était prévue.

Alors que les journées commençaient à raccourcir, le premier ministre britannique s'est embarqué sur le Queen Mary avec sa femme et sa fille. À Québec, le 17 août, il a rejoint le président Franklin Delano Roosevelt et le premier ministre canadien William Lyon Mackenzie King sur les hauteurs du cap Diamant. Poignées de main, salutations, défilé d'automobiles dans les rues de la Haute-Ville. Accueillis en héros, les sauveurs du monde libre (et leurs escortes) ont suscité un enthousiasme délirant et attiré des foules records sous les tours du Château Frontenac.

Frapper un grand coup. Libérer l'Europe de la terreur. Examiner tous les moyens pour y parvenir. Les *meetings* s'enchaînaient, les conciliabules se succédaient. Sur les tables, derrière les portes closes de l'hôtel, une pile de documents certifiés *top secret* dressaient les grandes lignes d'une invasion du continent européen. Nom de code : « Opération Overlord ». Commandant suprême de l'opération : le général américain Dwight Eisenhower. Date de l'offensive : été 1944. Le rôle des bombardements aériens au moment des préparatifs allait s'avérer crucial. Dans la salle, un type a levé la main : « Monsieur Churchill, est-il vrai que vous avez l'intention de bombarder des civils ? » Le premier ministre a eu un geste vague. « Bien sûr que non. » Il mentait, mais son mot a eu l'avantage de signaler la fin de la discussion.

La conférence s'achevait. Extirpant un cigare de sa poche, Churchill a adressé un salut à la foule massée près de la terrasse Dufferin. Son empire était en loques et son pays en lambeaux, mais le vieux lion avait réussi à tirer son épingle du jeu. À Québec, face aux prochains maîtres du monde, il avait obtenu l'assurance que ceux-ci l'aideraient à libérer la France. Les Alliés s'étaient également entendus pour intensifier leurs bombardements sur l'Allemagne.

Quelques heures plus tôt, alors qu'un soleil de plomb inondait les plaines d'Abraham (précisément là où les Anglais avaient conquis la Nouvelle-France en 1759), Churchill avait passé un dernier coup de fil à son maréchal de l'air de l'autre côté de la mare aux canards. Depuis son bunker tout près de Londres, Harris lui avait confirmé que la bataille aérienne de Berlin venait de débuter. Au cours de ce premier raid sur la capitale allemande, plus de six cents bombardiers avaient été lancés dans le ciel nocturne en rangs serrés, partiellement dissimulés sous le couvert nuageux. Munis de leur tout nouveau système Window, les Britanniques comptaient bien mettre les radars de l'ennemi hors d'état de nuire. Malgré cela, les Boches allaient leur infliger des pertes considérables.

Roger Coulombe, qui débute son service opérationnel ce jour-là, se trouve à bord d'un des Lancaster monopolisés pour cette bataille historique sur Berlin. Pour son baptême professionnel, il vole sous la direction d'un pilote plus expérimenté que lui.

En apercevant les premières lueurs de la Big City, il jette un coup d'œil à sa montre. Minuit quarante. Dans le poste de pilotage, sur le pliant qu'il occupe à côté du capitaine, il réprime un frisson. Autour d'eux, des centaines d'ailes aux croix gammées bourdonnent comme un essaim de vautours. Provenant de l'artillerie massée au sol, les tirs d'obus font également trembler le Lancaster. « Grandement impressionné par les canons lourds antiaériens de la Luftwaffe », observera-t-il sobrement dans son journal.

Au moment où l'appareil photographique se déclenche (preuve qu'ils ont bien réussi à atteindre l'objectif), le Kid risque un regard vers le bas. En apercevant le typhon que leurs tapis de bombes ont allumé dans la capitale allemande, il ne peut s'empêcher d'être troublé : « C'est une vraie pitié de voir Berlin en feu », déplorera-t-il dans son journal.

Dans son QG de Londres, Harris surveille l'attaque menée par son armée. Au matin suivant l'opération, quand il apprend que quarante de ses bombardiers ont péri, il ne se montre pas tellement surpris. Harris sait bien que cette opération, qui portera le nom de bataille de Berlin, sera extrêmement coûteuse en appareils et en hommes. Il se dit que, tant que les usines continueront à lui fournir ces superbombardiers, il pourra tenir. La bataille ne fait que commencer. Le commodore est patient. D'août 1943 à mars 1944, il trouvera le moyen d'attaquer Berlin dix-huit fois. Coulombe participera à douze de ces attaques. Un record parmi les pilotes ayant combattu au sein des forces alliées.

Après cette première incursion en territoire ennemi, le Kid est tenu d'effectuer un deuxième raid en compagnie d'un sénior. Le 27 août, il décolle pour Nuremberg aux côtés du capitaine Thomas Kneale, un Canadien qui sera tué, victime du brouillard, moins de quatre mois plus tard.

Anticipant les mises en scène cinglées des jeux vidéo, le spectacle le sidère une fois de plus : « Nous avons vu deux *fighters* un ME 110 et un ME 109. » Il désigne ici les célèbres Messerschmitt, des chasseurs monoplaces qui, comme le Spitfire britannique, sont emblématiques de la guerre.

Dans son journal, il relève « les déflagrations gigantesques » que leurs superbombes (les fameux *blockbusters*) provoquent sur Nuremberg : « La ville était la proie d'explosions. J'étais triste de voir une ville aussi célèbre sous la destruction. »

Au milieu de cet univers en fusion, une femme est en route vers la maison, après avoir visité son mari officier dans l'armée de Hitler. Enceinte, Rose Sebald se sent défaillir en voyant les flammes prendre d'assaut Nuremberg à quelques kilomètres devant elle. Dans son ventre, l'enfant à naître est lui aussi happé par les forces de la destruction, comme inondé par elles. L'écrivain W. J. Sebald reviendra sans cesse sur cet instant où il a pressenti la fin du monde dans le sein de sa mère. Jusqu'à sa mort en 2002, celui dont la mère a vu Nuremberg flamber s'appliquera à évoquer dans son œuvre la destruction systématique de Berlin, de Dresde et de toutes les villes bombardées à mort par les Alliés. Une tragédie, pense-t-il, dont son pays porte la responsabilité, cette Allemagne de la Shoah et de tous les crimes commis par les nazis.

Il est curieux de penser que la mère de Sebald, un écrivain que je vénère, a partagé le même axe historique que le Kid ce 27 août 1943. Elle, au sol, le regard rivé sur la ville soufflée par les explosions. Lui, à l'intérieur d'un bombardier Lancaster de la RCAF, jetant ses bombes sur elle.

Dans l'avion, rien, semble-t-il, ne pouvait distraire Roger de l'attaque en cours, et, pourtant, j'ai l'impression que quelque chose du désespoir de Rose Sebald lui est parvenu même s'il n'avait jamais entendu parler d'elle. Une sorte d'humanité qui demeurait vivante en lui. Un élan envers cette femme. Quelque chose comme un éclair invisible, un écho de l'âme. Traversé par cette intuition, il couchera cette réflexion dans son journal, à son retour : « Malheureusement, il faut faire le travail pour gagner une guerre qui fera pleurer plus tard pour être trop moderne. »

Ces mots « qui fera pleurer plus tard » anticipent avec justesse la controverse qui entourera les bombardements alliés une fois la guerre terminée. Ils laissent également entrevoir le dilemme moral qui déchire les jeunes kamikazes à la veille de se lancer dans la bataille. En rédigeant ce commentaire, Coulombe pense aussi à sa mère... Dans l'espace clos de Berthier-en-Bas, on ne se contentait pas de condamner toute violence ; on se méfiait de la science et des techniques « modernes » susceptibles d'éroder les valeurs traditionnelles.

Son rôle était celui d'un ange exterminateur. Voilà ce qu'on avait prévu pour lui. Pendant un bref moment, il a été pris de pitié pour lui-même. Puis, il s'est ressaisi. À la veille de lâcher ses premiers *blockbusters* sur l'Allemagne, il devait entrer dans son rôle. Comme tout le monde ici, il allait mettre ses scrupules de côté. Et tout irait bien.

Jusqu'à son heure dernière, il restera persuadé qu'Hitler n'aurait pu être anéanti sans ces terribles nuits de terreur et la pluie de bombes lâchées sur l'ennemi. Il l'a déclaré aux auteurs de *Reap the Whirlwind* au début des années 1990 : « Nous n'avions pas le choix, il fallait quelqu'un pour protéger et défendre la civilisation. »

Au Québec, on a longtemps valorisé ceux qui ont déserté pour échapper à la conscription militaire votée en 1942 par le Parlement canadien. Dans les campagnes, surtout, les gens étaient encore sous le choc de la Première Guerre mondiale. Ils se souvenaient de ceux qui avaient participé à cette boucherie et qui étaient revenus éclopés ou qui n'en étaient pas revenus du tout. Par la suite, ils n'arrivaient pas à se résoudre à l'idée d'aller combattre aux côtés de l'Angleterre ou pour solutionner « des problèmes européens » dont ils n'imaginaient pas la portée dans leur vie.

Au nom de tous ceux qui n'étaient pas revenus en 1918, ils étaient persuadés que leur devoir consistait à montrer leur opposition à l'envoi de troupes au front. Cette conviction, qui a persisté longtemps, ne supportait pas d'être contredite. Et Coulombe aurait à vivre avec. Comme vétéran, il expérimenterait beaucoup de solitude, et il demeurerait incompris jusqu'à sa mort par une partie de sa famille, des gens de son village, de ses proches.

Le sens
du détail.

LE CHOIX DE L'ÉQUIPAGE

**Un pour tous, tous pour un !
On les appelait le *French crew*.**

Avoir des amis dans la vie est une chose rare et précieuse. Mon père me l'a rappelé le jour où je suis devenue pensionnaire. J'avais une dizaine d'années. Au moment de me déposer devant la porte du Collège Mérici, à Québec, où je passerais la fin de mon primaire, il m'a prise à part : « Arrange-toi pour avoir un bon *crew*. »

Qui d'autre que le Kid a pu lui inspirer ce conseil ? Durant la guerre, Roger Coulombe a sauvé sa peau grâce au flair avec lequel il a présidé au choix de son équipage. Avec doigté et discernement, il s'est arrangé pour s'entourer des meilleurs candidats et ainsi former l'un des *crews* les plus efficaces du Bomber Command.

Le 8 août 1943, Coulombe se dirige vers le hangar numéro deux du terrain d'aviation de Linton-on-Ouse, pour procéder à la sélection des membres de son équipage. À l'intérieur, deux cents hommes attendent les capitaines avec qui ils combattront pour leurs trente missions au-dessus de l'Allemagne. Deux cents aviateurs, tous des volontaires, qui devront voler la nuit, dans des conditions indescriptibles, et à qui on accorde une chance sur trois de survivre. Parmi eux, les six qui accompliront, avec Coulombe, le long périple jusqu'au bout du circuit.

Dans le hangar numéro deux, le Kid adapte son regard à l'obscurité. Les fameux Brylcreem Boys ! Regroupés par spécialités, ils font penser à de jeunes fiancés dans les mariages arrangés. Quelques-uns rient nerveusement. D'autres l'observent à la dérobée, la mine dubitative. Eux aussi cherchent à s'associer aux meilleurs. Pas question de précipiter les choses. La sélection, ce jour-là, s'étirera jusqu'au coucher du soleil.

Se fendant d'un air d'autorité, le Kid se tourne d'abord vers les navigateurs. Les garçons sont des forts en thème. Autrement dit, des *nerds*, et, comme la plupart des *nerds*, ils sont imbattables sur les détails, une qualité inestimable quand votre vie ne tient qu'à un fil. Le Kid aime les perfectionnistes, les gars silencieux, les introvertis. Sans ces « bollés » pour convertir la position des astres en chiffres, un pilote de bombardier se retrouve facilement à pédaler dans la semoule, à la merci du Très Haut.

Il y a de multiples critères pour juger un aviateur, au nombre desquels on compte le sang-froid, mais aussi les connaissances techniques, l'habileté et le courage. Le Kid se fie à son intuition. Il sait que, s'il hésite trop longtemps, le commandant de section lui imposera sa propre sélection. Et ça, il n'en est pas question.

Il n'a pas réussi à sauver Roland, mais il n'a pas abandonné l'idée de la victoire. Il examine les visages autour de lui. Bizarre de penser qu'il va peut-être mourir en compagnie de l'un ou l'autre de ces inconnus. En réalité, il s'efforce surtout de repérer ceux qui paraissent fiables, aptes à la survie, et de les distinguer des têtes brûlées qui se sont amenées ici par désir inconscient de s'immoler et d'entraîner les autres à leur suite. Les exaltés de l'autodestruction.

« Le capitaine était responsable des agissements de ses hommes, explique le Gaspésien Gérard Poirier dans ses mémoires. Si l'un d'eux contrevenait au règlement, c'est le capitaine qui écopait. » Il faut donc y penser...

Le Kid continue de détailler les mimiques, les attitudes, les sourires – les faux comme les vrais. S'il prend le grand *slack* comme navigateur, comment être certain que le zigue ne lui fera pas faux bond au bout de dix jours ?

Tout à coup, il dresse l'oreille. Une musique, quelque part derrière son dos. C'est le premier truc qu'il remarque à propos de Tremblay. Son accent. Le même que celui qui vibre dans la grande maison paternelle face au fleuve. L'accent québécois. Il en a capté l'odeur comme on renifle un embrun, un parfum d'algue. Il se retourne.

Cinquante ans plus tard, à la demande d'un historien, il rejouera la scène où il a croisé Gérard Tremblay pour la première fois. « En m'approchant de lui dans le hangar, je me suis rendu compte qu'il était incapable de discuter en anglais avec les autres pilotes. Alors, je me suis adressé à lui en français. J'ai vu qu'il était très jeune et fort timide, mais j'ai constaté également qu'il était sérieux et que sa formation était adéquate. »

Originaire de Limoilou, un quartier ouvrier de la ville de Québec, Tremblay était d'une pâleur surréelle, un peu comme les saints dans les livres de prières. Âgé de dix-huit ans, c'était un gringalet farouche et maladroit. Très vite, Coulombe va le prendre sous son aile. À Linton-on-Ouse, ils deviendront inséparables. Sauf dans le *cockpit*, où l'anglais est de rigueur, ils échangent continuellement en français québécois. Pour cette raison, et bien qu'aucun autre membre de leur équipe ne puisse prononcer trois mots dans la langue de Molière, on appellera l'équipage de Coulombe le *French crew*.

Tremblay lui rappelle-t-il le Blondinet ? Spontanément, on peut le penser. Quelque chose de grave dans le visage, ou la beauté des traits, tout simplement. Pendant quelques secondes, tandis que Tremblay soutient son regard vert, Coulombe a l'impression de retrouver son frère, de lui parler.

La veille, le Kid a peut-être rêvé de Roland en train de boucler son parachute dans son bombardier mortifère. Juste avant de s'élancer dans le vide, le futur disparu a lancé : « Surtout, ne le dis pas à maman. » Autre supposition : l'esprit de Roland, comme une présence sourde, s'est introduit dans le hangar durant cette sélection. Et il se peut que le Kid veuille faire durer cet instant alors que lui viennent à l'esprit les paroles réconfortantes qu'il aurait tant voulu glisser à l'oreille du Blondinet le jour de leur dernière rencontre : « Ne pars pas avec ces illuminés, Ro. Change de *crew*. Si tu veux, je vais t'aider. Quelles que soient les circonstances. Je te le promets. Je vais te sortir du pétrin, je te sauverai de la mort, je te sauverai de tout. »

Ces mots sont passés sous le radar, comme toutes les prières que les hommes murmurent dans le noir pour avoir moins peur. Celles-ci n'en existent pas moins, mais la réalité nous rattrape. À Linton, le 8 août 1943, il faut procéder. Avec des gestes martiaux de petit chef, Coulombe colle un bout de papier avec son nom sur la poitrine de Tremblay, puis il se déplace vers les autres pour compléter terminer sa sélection.

Le temps presse. Il se concentre donc sur sa tâche. John Bradbury est originaire du pays de Galles. Il va devenir son opérateur radio. Ed Titheridge vient du Surrey, dans le sud-est de l'Angleterre. Il occupera le poste d'ingénieur à bord. George Daymond est natif de l'Alberta. Il va se joindre à l'équipage comme viseur de lance-bombes. D'origine polonaise, Joseph Jankun a fait le voyage depuis Ottawa. Pas très grand, il peut se glisser dans la nacelle située à la queue de l'avion comme mitrailleur de la tour arrière. À chacun, le Kid remet l'étiquette où il a inscrit son nom et que le candidat doit fixer sur son uniforme.

À cette étape de l'opération, il surprend un peloton d'officiers pilotes du genre aristos discutant de leur affiliation aux grandes écoles privées britanniques. C'est du moins ainsi qu'il s'en est souvenu plus tard. L'attitude *old school tie*! Depuis la mort de Roland, Coulombe se méfie de ces salauds drapés dans l'Union Jack qui occupent le sommet de la hiérarchie. Le snobisme de ces bouffons le fait bondir!

Dégoûté, il s'éloigne des pistonnés et se met à la recherche de son dernier mitrailleur. En s'approchant des gars qui ont gradué de l'école de tir, il aperçoit un type aux paupières lourdes qui discute avec des camarades. Né dans le Kent, au sud de Londres, Stanley MacKenzie est un père de famille âgé de vingt-neuf ans qui s'est engagé sous les drapeaux dès les premiers jours de la guerre. Coulombe lui fait signe d'approcher. Sans transition, il lui demande son pointage au champ de tir. Réputé pour sa rapidité, Stan répond 76,5. Le score est impressionnant, puisqu'à ces mots toutes les têtes se tournent de leur côté. Les chers collègues au sang bleu comprennent tout à coup qu'ils viennent de louper l'un des meilleurs choix au repêchage. Tant pis pour eux. Coulombe épingle son fameux papier sur la poitrine de Stan. L'adoubement est terminé. Avec ses six nouveaux coéquipiers à ses côtés, le *skipper* (*skippah*, disent les Anglais) réprime un sourire. Avant de franchir le seuil du hangar, quelques heures plus tôt, il s'était mis en tête de pister des loups. À présent, il doit apprendre à tenir la meute en laisse.

Trois Canadiens et trois Britanniques. Le Kid conservera le même équipage pendant les huit mois que durera son service comme capitaine de bombardiers lourds. Dotée d'une piste d'accès adaptée aux bombardiers lourds, la base de Linton-on-Ouse est leur port d'attache. Deux escadrilles canadiennes y sont rattachées, le 426, auquel appartient Coulombe, et le 408, dont le nom de guerre, Goose, renvoie à la symbolique de l'oie sauvage. On trouve également à Linton un contingent de la Women's Auxiliary Air Force (WAAF). Ces jeunes filles en uniforme, membres en règle de la Royal Air Force, exercent une variété de métiers parfois très masculins, mais elles n'ont pas le droit de piloter un avion ni de participer aux combats. Certaines interprètent les données du système radar, d'autres conduisent les équipages jusqu'à leur avion, d'autres enfin s'occupent de renseignements ou décryptent les codes secrets.

Coulombe possède à présent un équipage à son nom, un bombardier superpuissant à sa disposition, huit mitrailleuses Browning placées à trois endroits stratégiques de l'avion.

Dans les mains de ses mitrailleurs, ces armes qui peuvent tirer jusqu'à mille deux cents balles à la minute lui font l'effet de risibles casseroles face à la redoutable artillerie de l'ennemi.

On leur a laissé croire qu'une organisation puissante les protège, mais, en réalité, ils sont seuls. À la solde d'un client capricieux, aux directives changeantes, ils sont des mercenaires lâchés dans la fosse aux lions. Ils ont intérêt à se méfier de leurs supérieurs, qui ne lèveront pas le petit doigt pour eux. Ballottés au gré des circonstances, ils sont ce qu'on leur a dit qu'ils étaient : des morts en sursis.

Cette situation, on le verra plus tard, Coulombe va tenter de la tourner à son avantage. Puisque les inégalités sont inhérentes à la Royal Air Force, puisque les décorations sont attribuées à certains militaires de carrière et pas aux autres et puisque les officiers ont droit à des salaires plus élevés et à un mess plus luxueux et confortable, il établit que la règle désormais, c'est « nous contre vous », c'est-à-dire les outsiders contre le gratin.

Ils sont les démunis qui se présentent au banquet sans coupe-file. Personne, à part le monstre allemand, ne mérite leur attention. Trente missions ? C'est OK, mais, avant de parvenir au *magic thirty*, il leur faut apprendre à survivre non seulement aux Frisés, mais également à la hiérarchie britannique. Survivre au Bomber Command. Survivre à Butcher Harris. Survivre, sans s'entretuer.

Soixante-quinze ans plus tard, je me trouve à Linton-on-Ouse, sur le terrain du vieil aérodrome promis à la démolition. Depuis le sommet de la tour de contrôle, je contemple la piste de tous les dangers aujourd'hui craquée de toute part et à moitié envahie d'herbes folles. La piste que, nuit après nuit, sous la neige ou sous la pluie, Coulombe et ses hommes ont survolée, redoutée. La piste trop courte, trop sombre, encombrée de vivants et de morts, qui se dissolvait comme du mercure dans l'obscurité. Piste redoutée, mal adaptée aux vols de nuit, dont l'équipage ne savait jamais si elle le plaquerait au sol ou si elle l'accueillerait dans son vitrail de mousse. Piste où les amis continuent de se saluer de loin. Piste abandonnée, mouillée de larmes. Justement, il pleut.

LA PEUR

Ceux qui cédaient à la panique étaient traités de trouillards.

Cette nuit-là, le ciel est couvert et la ville à détruire est Munich. Moment solennel. Le 30 août 1943 marque le début de la mission de Roger Coulombe en tant que premier pilote et capitaine de son *crew*.

À l'instar de tous les pilotes, il porte une arme durant le raid, un revolver .32 Smith & Wesson. Son casque de cuir est muni d'écouteurs, sa combinaison de vol est parcourue de fils chauffants, tout comme ses gants et ses bottes. Avant de monter à bord, il doit également endosser un gilet de sauvetage (surnommé Mae West) et boucler le harnais de son parachute.

Avec son navigateur Gérard Tremblay, il s'est assuré d'emporter les bonnes cartes. Durant la guerre, les cartes des aviateurs alliés étaient imprimées sur de la soie pour éviter qu'elles s'abîment au contact de l'eau. Ce détail peut faire penser aux rituels des chevaliers qui, avant de partir aux croisades, remettaient leur mouchoir aux dames en gage de fidélité.

Uniforme, drapeaux, galons, képi, blason, croix. Les guerres naissent dans le chiffon et la vertu. On se drape de symboles avant de se tacher de sang. Et lorsque l'usure commence à se manifester, les étoffes perdent de leur lustre et la soie vient à manquer. Toutes les guerres sont médiévales.

L'ennui est également au programme dans les conflits armés, même les plus brutaux. On l'ignore parce que les manuels d'histoire prennent rarement la peine de parler de tout ce temps que les héros passent à attendre. Pourtant, il n'y a rien de plus monotone que les heures suspendues au-dessus d'un café, à compter les minutes et les heures qui vous séparent du départ.

À l'instant désigné, on reçoit enfin le signal et l'estomac se noue davantage. Il faut y aller.

À Linton, pour se rendre jusqu'à son bombardier, Coulombe emprunte une navette. Derrière le volant, il retrouve Joan Coppack, qui est membre du corps féminin de la Royal Air Force. Tout en bavardant, Joan le dépose au pied de l'échelle d'où il grimpera jusqu'à son siège, qui est situé à dix pieds du sol, dans le Lancaster. Avant de la quitter, le Kid se penche et embrasse Joan sur les deux joues. Tellement «*french*», a décrété la dame anglaise dans ses souvenirs rédigés quelque temps avant sa mort. Le baiser chaste déposé sur les joues de Joan rejoint les gestes que Coulombe exécute pour tromper la mort avant d'affronter le feu ennemi.

Sur la ligne de départ, reconnaissant quelques visages, le Kid adresse un signe en direction des silhouettes dans le noir. Manifestation discrète de solidarité. Les gars ne se souhaitent jamais bonne chance, pour ne pas s'attirer la poisse. Ils disent: «*See you in the morning.*» (On se voit demain matin.)

Ils étaient inévitablement dévorés par la peur. Plusieurs vomissaient leurs tripes avant de s'embarquer. Certains hurlaient à plein poumon du décollage jusqu'au retour. D'autres essayaient de se persuader qu'ils étaient déjà morts. De cette façon, il ne pouvait rien leur arriver. D'autres enfin étaient blancs comme une feuille de papier.

Les plus désespérés menaçaient de sauter en bas, quitte à être faits prisonniers par les Allemands. On avait vu ces déserteurs être ramenés à la raison à la pointe du pistolet par leur capitaine. Certains avaient des hallucinations. Ainsi cet ingénieur qui avait été surpris en conversation avec un petit chien... alors qu'il n'y avait pas d'animal en sa compagnie.

Il y avait aussi des combattants qui, pour des raisons éthiques ou religieuses, refusaient de jeter des bombes sur des civils. Ceux-là se faisaient houspiller de verte manière. « C'est la guerre, s'entendaient-ils dire. LA GUERRE, SOLDATS ! Et nous sommes engagés dans un combat sans merci. Depuis des années, les Allemands massacrent des innocents aux quatre coins de la planète. Nous sommes ici pour leur flanquer une raclée. Vous n'avez pas le choix. Si vous n'obéissez pas, nous vous traduirons en cour martiale. »

Superstitieux comme tout le monde, Coulombe jetait un dernier coup d'œil à son cher pigeon, lui adressait quelques paroles d'encouragement (après tout, c'était un membre de l'équipage), puis il posait la main sur l'une des hélices tripales du bombardier, un peu comme on caresse la croupe d'un cheval avant de le monter. « Tout doux, mon vieux, tout doux. »

Ils s'obligeaient à partager une dernière clope. Une Sweet Caporal, la plupart du temps, qu'ils fumaient en silence, à la suite de quoi ils allaient se soulager l'un après l'autre sur la roulette arrière du bombardier. Dernière occasion d'étreindre leur porte-bonheur. Un petit objet, le plus souvent. Animal en peluche, rosaire, patte de lapin, couteau de chasse, bible, insigne de hockey, ils traînaient tous un gris-gris dans la poche de leur blouson.

Une fumée blanche s'élève de la tour ce qui signifie pour Coulombe qu'il est temps de rejoindre les dizaines de bombardiers alignés sur les deux pistes d'accès d'où ils décolleront à tour de rôle. Comme la sécurité interdit les communications radio, les contrôleurs transmettent leurs messages par signes lumineux, au moyen de projecteurs. Avant d'écraser à fond, Coulombe adresse un dernier appel à l'équipage. Pour six heures, ils seront plongés dans le noir le plus complet, dans un espace très exigu, soumis au bruit assourdissant des moteurs.

Une fois en altitude, l'avion rejoint une formation (*stream*) composée de centaines de machines à tuer en provenance de dizaines d'aéroports du Yorkshire et du Lincolnshire. Pour ne pas éveiller les soupçons des Allemands sur l'identité de leur cible, les pilotes changent de cap toutes les heures. Aucun appareil n'affiche ses feux de position.

Sous le dôme transparent de son poste de pilotage, Le Kid applique un masque à oxygène sur son visage. C'est la règle une fois atteint le plafond de 20 000 pieds. Soudain, une interrogation. Où sont les autres ? Où est passée le reste de la flotte ? Éberlué, Coulombe constate qu'il a été largué. Vérification faite, c'est son avion qui a dévié de sa course.

La glissade, se rend-il compte, n'est pas attribuable à un bris mécanique, mais à une défaillance humaine dans le *cockpit*. « Mon comparse est devenu fou, laissera-t-il tomber dans son journal personnel et, partant, nous risquons de nous perdre. » Avec mille précautions, il fait demi-tour. Il constate alors qu'ils sont passés à un cheveu de l'anéantissement. « Il est inexplicable que nous soyons vivants », notera-t-il encore dans son carnet.

Mais qui est le « comparse » qui a cédé à la panique durant cette première envolée ? Si l'on se fie à Coulombe, c'est

Tremblay. Le lien est facile à établir étant donné qu'il revient au navigateur de diriger l'avion au cours d'une attaque ; privé de cette expertise, l'équipage « risque de (se) perdre ».

Tremblay. Son système nerveux a sauté. Ce genre d'affolement était courant au cours d'une mission. Les autorités avaient un terme pour qualifier ces défaillances où un type était capable de tout envoyer promener. On disait qu'il était atteint de LMF pour *Lack of Moral Fiber* (manque de fibre morale).

La fibre morale, un concept nébuleux, avait été inventée pour décourager les failles humaines dans le système. Au prix que coutait un aviateur, n'importe quelle lubie faisait l'affaire. Le but était d'empêcher la victime de renoncer au combat. Pour le convaincre, on l'expédiait chez le psychiatre. Comme élément dissuasif on utilisait l'humiliation.

Le nerveux ne voulait plus remonter à bord ? Une fois retiré de la mission, lui rappelait-on, il serait relégué au nettoyage des latrines. Il ne pourrait plus prétendre à une carrière dans l'aviation. Son avenir bousillé, il serait la honte de sa famille.

Selon toute probabilité, Coulombe a convaincu Gerry de continuer. Par ce geste, il s'affirmait comme un leader prêt à prendre des risques pour protéger ses gars. Un leader envers qui il était possible également de contracter une dette, auquel cas il bénéficiait d'un ascendant sur l'un ou l'autre de ses coéquipiers.

Gérard Tremblay a surmonté son anxiété. Sur cet aspect de la guerre, comme sur le reste, il ne s'est jamais beaucoup confié. Seul son corps, à la fin, a parlé. Quand il s'est éteint à Québec quarante ans plus tard, à l'âge de cinquante-huit ans, le médecin a dit à son fils Raymond : « Votre père avait le cœur d'un homme de quatre-vingt-douze ans. »

La double crise cardiaque aura été son ultime protestation contre une mission qu'il n'avait jamais envisagée aussi inhumaine et qui l'avait grugé jusqu'à l'os. « Le stress qu'il a subi durant la guerre a contribué à détériorer son état physique », m'a expliqué Raymond au cours d'un entretien à Québec, le 8 mars 2019. En découvrant ses archives, le fils aîné est resté médusé devant un passé que ce père silencieux n'avait jamais abordé avec lui.

Tremblay avait du mérite. Non seulement est-il demeuré en poste jusqu'à ce que son *magic thirty* soit terminé, mais il a survécu aux humeurs du Kid, qui pouvait se montrer très dur avec lui.

Et puis, à l'égal de son tortionnaire, il a reçu la Croix du service distingué dans l'Aviation pour « ses habiletés, son courage et sa dévotion à son devoir ». En mai 1944, le roi George VI en personne allait lui décerner la décoration militaire au cours d'une cérémonie à la base de Linton.

JETTE-TOI EN BAS SI TU VEUX

Il n'était pas le seul à rater ses sorties. Durant les premiers mois de la bataille de Berlin, les performances des aviateurs canadiens décevaient.

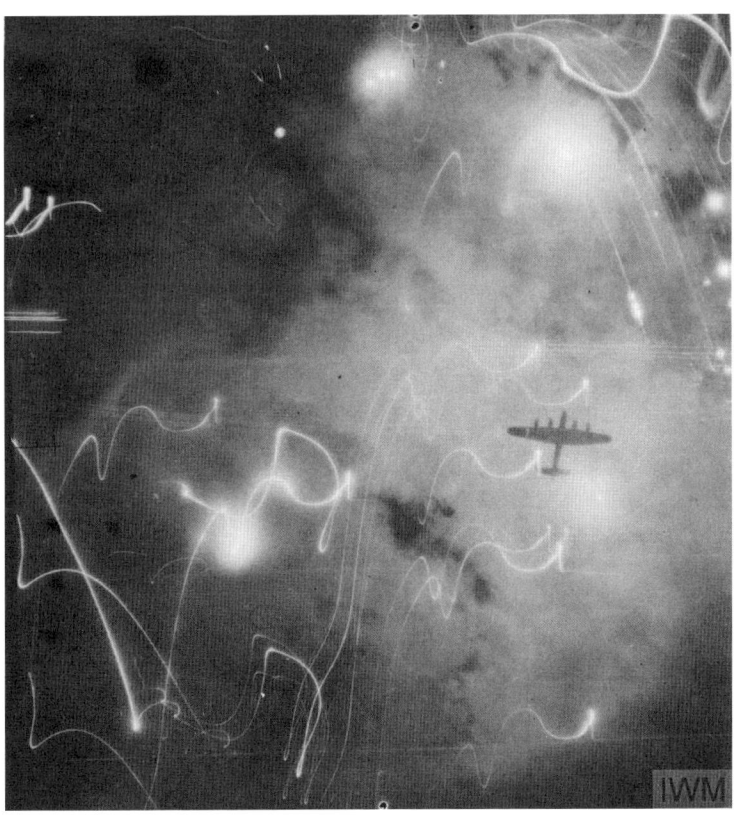

Une nuit alors que son bombardier est lourdement endommagé, le Kid est attaqué sans relâche par deux avions allemands, un Junkers 88 et un Focke-Wulf 190. En pleine bataille, le FW 190 se place dans la ligne de tir de son collègue pour venir voler en formation avec le Lancaster. « Durant quelques secondes, écrira Roger pour ses supérieurs, j'ai vu le visage du pilote allemand de si près que j'aurais pu le reconnaître dans la rue le lendemain matin. »

Les pilotes de la Luftwaffe exerçaient une fascination sur leurs adversaires alliés. Durant la guerre, des rumeurs couraient à leur sujet. Certains d'entre eux, prétendait-on, acceptaient d'épargner un adversaire vulnérable même si ce geste risquait de leur valoir le peloton d'exécution. En cela, ils se pliaient à un code de conduite qui remontait peut-être aux croisades et que les dirigeants nazis n'étaient pas parvenus à éradiquer. Il y avait eu des « cas » qu'on assimilait à des miracles. Pendant des années, on parlerait d'un B-17 américain à moitié déchiqueté non seulement épargné mais guidé hors de la zone de combat par un chasseur à la croix gammée pour lui permettre de rentrer en Angleterre. Au-dessus de Brême, ce 27 décembre 1943, le pilote allemand avait même envoyé la main à son vis-à-vis américain avant de faire demi-tour et de continuer de son côté.

Près de cinquante ans plus tard, Charlie Brown et Franz Stigler se sont retrouvés aux États-Unis (la vidéo est sur YouTube). Quand on lui a demandé d'expliquer ce qu'il ressentait devant son ancien ennemi, l'Allemand s'est tourné vers l'Américain avant de murmurer, sincère : « *I love you, Charlie.* »

On devine un élan comparable de la part du Kid lorsqu'il mentionne le visage du pilote allemand qui s'était pointé, probablement à sa gauche, durant un échange d'artillerie particulièrement féroce. Teuton ou pas, ce garçon était dans le même bourbier que lui. Il était englué dans le même cauchemar, brûlait de la même passion pour son métier. Sur le coup, Coulombe avait reçu l'ordre de ne pas ébruiter l'incident. Un nazi était un nazi. Pas question d'éprouver de la compassion pour l'ennemi. Mais il ne pouvait éviter d'y penser. Une brèche était apparue, et il prenait conscience de cette aberration : il y avait des humains en face.

À l'égard de ses coéquipiers, en revanche, le Kid pouvait se montrer impitoyable. Motif : les gars ne coopéraient pas comme il le voulait. Il les trouvait trouillards, désordonnés, geignards. Il blâmait surtout ses mitrailleurs, qu'il accusait de tous les maux. Rien pour l'avion. Tout pour soi. Il leur ferait passer ça.

Après leur premier raid sur Munich, ils ont continué d'accumuler les échecs. Pas une fois, au cours du mois de septembre, l'équipage n'a atteint le plus petit atome de la cible. Dans son *book*, le Kid invoque des courts-circuits dans l'avion, les défaillances d'un dispositif de chauffage déjà peu efficace, sans mentionner le véritable problème. Ou plutôt LES problèmes, pense-t-il, en se rappelant qu'ils étaient sept dans l'avion et qu'ils jouaient leur partition chacun de leur côté.

Une photo datant de cette époque les montre épuisés, fumant une cigarette durant la pause-café dans un lieu indéterminé du terrain d'aviation. Traits tirés, casquettes posées de guingois sur le front, manteaux dépareillés, sourires forcés, ils ont l'air de loubards sur la fiche signalétique d'un préfet de police. Coulombe a le regard fuyant. Tremblay a les yeux fermés. MacKenzie a passé son bras derrière les épaules de l'ingénieur de bord. Le viseur de lance-bombes regarde l'objectif avec des yeux hallucinés. À l'autre extrémité, Jankun, le mitrailleur de la tour arrière, affiche un sourire sardonique. Joe Jankun était le souffre-douleur de son chef. Coulombe, qui avait sans cesse maille à partir avec lui, l'avait menacé à plusieurs reprises de l'expulser. Ces querelles seront oubliées plus tard. Le Kid estimera alors avoir eu les « meilleurs mitrailleurs » de toute l'escadrille.

À ce stade de la guerre, Roger n'était pas encore parvenu à imposer le fameux esprit de corps dont on leur vantait tant les mérites. Ça le préoccupait. Il répétait sans relâche à ses hommes que la fatigue n'était pas une excuse. Le manque de sommeil non plus. Pour mener à bien les opérations de nuit qui constituaient leur quotidien, il leur fallait apprivoiser la peur et l'isolement. En attendant, il serait capable d'étriper à mains nues l'un de ces bons à rien qui volaient avec lui. Enfin, pour qui se prenaient-ils ? C'était pourtant clair : il y avait un patron à bord. C'était lui et personne d'autre. Il lui suffisait d'aboyer, et cette bande de tarés n'avait qu'à obéir. Point final.

Il y a eu des bourdes. Comme cette fois où, après une demi-heure de vol, en route vers l'Allemagne, le Kid s'était retrouvé au-dessus de Londres. Oui, Londres! « Exactement au même moment, des avions allemands bombardaient la ville », rugit-il dans son journal. Au milieu de tirs croisés, il avait ordonné à son mécanicien de bord de lancer une fusée de reconnaissance pour avertir la défense aérienne anglaise de leur présence dans ce foutoir. Le machin n'était jamais parti.

Une minute de plus et ils se faisaient trouer la peau par leur propre armée. Furieux, le Kid était allé jeter ses bombes dans la mer (inutile de penser à atterrir à la base avec un tel chargement d'explosifs). « J'étais allé communier avant le voyage », concède-t-il, vraisemblablement pour se gagner la sympathie du public à la maison.

Finie, l'époque où il épatait la galerie avec une pirouette sur une roue. Inutile de penser à couper le sifflet au « gratin » avec ses prouesses. Dans le monde réel, il avait intérêt à se mettre les yeux vis-à-vis des trous, sinon il finirait comme tant d'autres sous une croix blanche à manger des pissenlits par la racine.

Il n'était pas le seul à louper ses sorties. Durant les premiers mois de la bataille de Berlin, les performances des aviateurs canadiens décevaient. Comparés à leurs collègues de la Royal Air Force, les Canadiens en arrachaient.

La question préoccupait Ottawa. Après tout, le 6e Groupe avait été créé pour affranchir le Canada de la tutelle coloniale. Par ce geste d'émancipation, le premier ministre libéral William Lyon Mackenzie King voulait inscrire son nom dans les livres d'histoire. Reconnu pour sa façon de tergiverser, King évitait de se compromettre sur quantité de sujets, ainsi sur la conscription militaire, qu'il promettait

« de rétablir si nécessaire, mais pas nécessairement de rétablir » (il se résoudra à appliquer la première option avec des conséquences désastreuses pour l'unité nationale). Ce genre de double langage rendait tout le monde dingue. Toutefois, sur l'autonomie du Canada, ses intentions étaient limpides.

Pour bien marquer le coup, King avait osé défier Arthur Harris. Au début de la guerre, le maréchal de l'air anglais entendait incorporer à la Royal Air Force toutes les escadrilles en provenance des anciennes colonies. Fort bien, lui objectait-on, mais le Canada possédait son propre parlement et bientôt son drapeau. Harris ne comprenait pas ce langage. Né en 1892, au temps où la reine Victoria régnait sans partage sur un empire couvrant presque la moitié de la terre, il réfutait toute velléité d'indépendance chez ses partenaires. Le premier ministre canadien avait tenu bon. Il avait imposé les escadrilles de son 6e Groupe, qui était devenu la seule unité indépendante au sein du Bomber Command.

La raison d'être du 6e Groupe reposait sur l'honneur. Il lui fallait la gloire.

Malheureusement le manque d'expérience des troupes canadiennes minait leur efficacité. « Voilà le problème ! se disait-on. Nos jeunes sont pleins de bonne volonté, mais désorientés. La plupart d'entre eux ne connaissent la guerre que par l'étude et aucun n'est jamais sorti de chez lui. »

Pour remédier à la situation, on avait demandé à Sir Arthur Harris de venir s'adresser aux gars à Linton-on-Ouse. Le pari était risqué. Harris, dont le charisme était légendaire, possédait tout de même un côté imprévisible. On ne savait jamais trop à quoi s'en tenir avec lui. Âgé de cinquante ans durant la guerre, il s'aventurait rarement hors de son quartier général dans le Buckinghamshire. Néanmoins, il avait consenti à quitter ses bureaux pour aller secouer les puces aux petits aviateurs originaires du pays de Grey Owl.

Le chef n'était pas du genre à dorer la pilule à qui que ce soit. « La moitié d'entre vous ne sera pas ici dans deux semaines », avait-il lancé d'une voix forte devant le parterre de recrues venu l'entendre.

Cette déclaration sur leur (faible) espérance de vie avait de quoi ébranler même les plus farauds. Au bout de quelques instants, cependant, les boys s'étaient sentis requinqués. Applaudissements nourris. Une partie des problèmes essuyés par les escadrilles canadiennes avait été résolue cette journée-là.

Le pilote torontois J. Douglas Harvey était présent à Linton le jour où Harris s'était adressé aux membres des escadrilles canadiennes. Il ne se faisait aucune illusion sur le personnage. Des années plus tard, dans son récit de guerre, il a détaillé la vision que les jeunes avaient du boss. « Nous l'imaginions [Harris] présidant une conférence, un scotch à la main, dans son manoir de la ville de High Wycombe, dans le Buckinghamshire. Il jette un coup d'œil à la fenêtre, constate qu'on n'y voit rien pour cause de neige, de brume ou de grêle. Et il dit : "La situation me semble idéale, gentlemen. Envoyez les gars en mission." Nous savions le peu de cas qu'il faisait de nos vies. En même temps, il nous inspirait un énorme respect. C'était un gagnant et ça se sentait. Il disait les choses avec franchise. Il ne faisait jamais de chichis. »

Qui vivrait ? Qui mourrait ? Qui serait décoré ? Qui serait promu officier ? Il y avait une compétition féroce au sein du Bomber Command. Les pilotes, surtout, cherchaient à se démarquer. L'ego gonflé à bloc, Coulombe se la jouait de plus en plus solide. « Ce n'est pas que je sois un héros, plastronne-t-il dans son journal, mais je n'aime pas [revenir] d'une opération sans avoir jeté mes bombes. »

« Mes » bombes. L'utilisation du possessif trahit une progression dans son engagement. Les dés sont jetés. Chaque fois qu'il monte dans son Lancaster, il s'enfonce davantage dans les sables mouvants de la violence. C'est une drôle d'impression que celle d'être attiré par ce bouillon acide. De vouloir se laisser dévorer par lui pour pouvoir ensuite lui échapper.

Pour performer, il performe. Et il ne manque jamais de le souligner en haut lieu. « Nous étions entourés d'au moins cinquante avions chasseurs », résume-t-il dans son *log book* au retour d'une attaque sur Nuremberg. « Je n'ai pas besoin d'ajouter que j'ai procédé à une violente manœuvre en tire-bouchon à ce moment-là », enchaîne-t-il en mettant l'accent sur ses qualités de funambule.

Ses coéquipiers pâtissent de son jusqu'au-boutisme. Les mitrailleurs surtout. Durant la nuit du 18 novembre, en route pour Berlin, il a cet échange avec son mitrailleur de queue Joe Jankun dont les Brownings se sont enrayés et qui, affolé, menace de se précipiter dans le vide.

« Jette-toi en bas si tu veux, lui répond Coulombe, je ne te retiens pas. Nous sommes au-dessus de la mer du Nord. J'ai l'impression que tu vas trouver l'eau un peu froide à ce temps-ci de l'année. De mon côté, je file vers Berlin. Avec ou sans toi ! »

Sûr de son droit, Coulombe rapporte l'incident dans son *log book* à l'intention de ses supérieurs : « Après, il se l'est fermée et je ne l'ai plus entendu rouspéter. »

Il est devenu maniaque. Jusqu'à ce que la cible soit atteinte, il ressemble à un possédé. Feu ! Il ne revient à lui que lorsque les mots du viseur de lance-bombes résonnent dans son casque : « *Bombs gone!* »

À la maison, on aurait eu du mal à reconnaître le neuvième fils dans les agissements de ce trompe-la-mort. La guerre avait révélé certains aspects de sa personnalité dont lui-même ignorait l'existence auparavant. Comme la capsule se détache de la fusée durant une mission spatiale, Coulombe s'était éloigné de Berthier-en-Bas, de son immuabilité. La guerre l'avait transformé. Pour toujours.

MONSIEUR BARRY

**Ancien navigateur, Raymond Barry
a été fait prisonnier par les Allemands en 1944.
À aucun moment je n'ai deviné le héros
chez le père de mon amie Lili.**

Berthier-en-Bas, Montmagny, New Carlisle, L'Islet-sur-Mer… Ces villes et villages le long du Saint-Laurent comptaient un nombre appréciable d'aviateurs qui ont contribué à l'effort de guerre. De jeunes hommes qui, une fois revenus au pays (quand ils n'ont pas péri au combat), ont mené une existence discrète et sans bruit.

Par un de ces hasards étranges, j'ai appris en écrivant ce livre que j'avais vécu durant une année complète auprès de l'un de ces héros méconnus, sans jamais rien soupçonner de son parcours.

Quand j'ai eu seize ans, pour me permettre de ne plus être pensionnaire, les parents de ma camarade de classe Lise Barry m'ont invitée à passer l'année scolaire chez eux. Installés boulevard Laurier, à Québec, les Barry nourrissaient un intérêt particulier pour la culture. À table, on parlait surtout de ce qui était nouveau, excitant, rock and roll. Le passé n'était pas souvent au menu.

Née Madeleine Boulanger, madame Barry avait grandi à Montmagny. Monsieur Barry venait de Québec mais, comme il était devenu orphelin très tôt, il était associé depuis longtemps au clan Boulanger.

Réservé, le papa de mon amie Lise se tenait à l'écart de l'agitation qui régnait boulevard Laurier, un peu comme un bouddha bienveillant dans une alcôve. Son beau front bombé penché vers la chaîne stéréo du salon, il semblait réfléchir à l'avenir de la civilisation.

Comptable, il empruntait l'autobus tous les matins pour rejoindre les bureaux du ministère du Revenu dans le Vieux-Québec. Le dimanche, au retour de la messe, il présidait le repas du midi à partir de sa place au bout de la table, toujours la même. Je me souviens de lui comme d'un pince-sans-rire dont les pointes d'humour me laissaient perplexe. Je ne l'ai jamais entendu élever la voix. Ses six enfants l'adoraient.

Ma prise de conscience à propos de la vraie nature de monsieur Barry est survenue lorsque, sur le point de partir en vacances en juillet 2019, je me suis mise en devoir de me procurer un livre papier (il n'y avait pas Internet dans la maison que je louais). À la librairie Olivieri, chemin de la Côte-des-Neiges, dans la section des ouvrages sur la Seconde Guerre mondiale, je suis tombée sur un récit publié chez Lux en 2010, intitulé *L'Alouette affolée*. Je l'ignorais encore, mais j'avais entre les mains les mémoires de guerre de Gilbert Boulanger, le frère de madame Barry, dont les poulets grillés et les gâteaux des anges mériteraient un bouquin à eux seuls.

Comme Roger Coulombe, Gilbert Boulanger, qu'on appelait Gil, a obtenu la Croix du service distingué dans l'Aviation. Durant la guerre, il était mitrailleur de la tour arrière au sein des Alouettes. Dans son récit, il dresse un portrait attachant de Raymond Barry, le chum de sa sœur, qu'il a notamment croisé dans le désert, en Afrique du Nord, alors que tous deux exécutaient une mission sous les couleurs de l'Aviation royale canadienne durant l'hiver 1943.

Raymond Barry était navigateur, « le numéro un dans un équipage », selon son beau-frère, et il appartenait au 424, une escadrille de la RAF plus tard rattachée au 6ᵉ Groupe canadien. La devise du Tiger était *Castigandos castigamus* (« Nous châtions ceux qui méritent d'être châtiés »). Une petite bête poilue du genre poméranien ornait le blason de l'escadron. Surnommé « le foutu chien anglais » (*the fucking British dog*), l'insigne ne plaisait pas aux membres du *squadron*, qui le trouvaient trop « prout-prout ».

En Angleterre, durant la guerre, Raymond Barry était stationné à Skipton-on-Swale avec le reste du 424. Le 19 mars 1944, lors d'un raid nocturne sur Francfort, son avion a été descendu par les Allemands. Avec le reste de son équipage, il s'est rué hors de son Halifax Mark III en flammes. Sanglé dans son parachute, il a atterri 15 000 pieds plus bas, sur la cime d'un arbre, à quelques kilomètres de la ville de Morbach, à la frontière polonaise. Fait prisonnier avec ses six compagnons, il a été transféré au Stalag Luft VI, près de la ville de Heydekrug. Neuf mille aviateurs alliés s'y trouvaient déjà, détenus par groupes de dix ou vingt dans des huttes.

La guerre étant sur le point de se terminer, les gardiens du stalag ont dirigé leurs prisonniers vers l'ouest dans l'espoir de s'en servir comme monnaie d'échange. De Hanovre à Lubeck, sous le soleil, sous la pluie, pendant des jours et des nuits, Raymond Barry et ses compagnons ont traversé l'Allemagne à la pointe du fusil. La marche s'étirait sur plus de cinq cents kilomètres. Confiés à la Croix-Rouge, ils ont été libérés le 2 mai 1945, date de la capitulation de Berlin.

Ce jour-là, une jeune Berlinoise écrivait dans son journal : « Dehors, il fait froid et le ciel est couvert. Queue interminable à la pompe, sous une pluie fine. Dans la nuit de mardi à mercredi, les incendies ont fait rage. Mais il n'y a plus de tirs à Berlin. »

Publié sous le titre *Une femme à Berlin*, ce récit autobiographique raconte le quotidien d'une Allemande au moment où les soldats russes envahissent son pays après la victoire des Alliés. Dans son témoignage, l'autrice, qui a d'abord publié son journal de manière anonyme, rapporte une conversation avec des concitoyennes au moment où l'avancée des Soviétiques se concrétise. Ces femmes sont aux portes de l'enfer. L'une d'elles trouve cependant la force de plaisanter. « Vaut mieux un Russki sur le ventre qu'un Yank sur la tête », ironise-t-elle en faisant allusion aux bombardements subis depuis un an. Pour ces femmes victimes de la guerre, le viol était encore préférable aux bombardements alliés.

À l'époque où j'habitais chez les Barry, on projetait La Grande Évasion, avec Steve McQueen, au cinéma Sainte-Foy à Québec. Le film se déroule durant la guerre, dans un stalag semblable à celui où le père de Lili et de Gisèle (Gigi) a été retenu en captivité. Aujourd'hui, si je pense que ce film a peu à voir avec la réalité, c'est sur la foi de témoignages que j'ai recueillis auprès de plusieurs enfants de vétérans (comme Raymond Tremblay, fils de Gérard), qui m'ont raconté à quel point leurs pères rejetaient ces mises en scène hollywoodiennes: « C'est de la bullshit! hurlait Gerry Tremblay en présence de son fils. C'est pas comme ça que ça s'est passé. »

Tandis qu'il nappait de crème épaisse le gâteau à l'érable que sa femme Madeleine nous servait pour dessert tous les dimanches midi, monsieur Barry émettait des commentaires sur l'actualité. Ce fonctionnaire discret ne pratiquait aucun sport, hormis l'ornithologie. Aussi ne l'ai-je jamais soupçonné d'avoir connu d'autres paysages que le cap Diamant, d'autres palais que le Château Frontenac. À aucun moment je n'ai surpris chez cet homme gentil et légèrement intimidant un indice qui aurait pu laisser deviner une quelconque plongée dans les abysses. La guerre et monsieur Barry: ces deux réalités, me semblait-il, n'étaient pas destinées à se rencontrer. « Parce que personne n'en discutait à la maison », explique Gigi Barry, la cadette des filles, quand je l'interroge à ce sujet.

Avec Gisèle, je repère sur les cartes de l'Allemagne et de la Pologne les endroits où son père a vécu en captivité. Je le suis dans sa longue marche à travers l'Allemagne dévastée à la veille d'être occupée par les Soviétiques.

À l'époque où j'habitais boulevard Laurier, ses médailles et ses uniformes avaient été dispersés dans la maison un peu comme des colifichets, des vêtements qui ont trop servi, des clés sans serrures. Parfois, les filles aînées épinglaient l'une de ses croix dorées sur une veste, histoire d'améliorer leur look. Son couvre-chef a disparu à la suite d'une de ces mascarades. Monsieur Barry assistait à la dilapidation de son patrimoine militaire sans état d'âme, m'apprend Gigi, comme si la chose ne le concernait pas. « J'ai l'impression qu'il se sentait coupable d'avoir tué des innocents. Papa me l'a dit : les aviateurs savaient qu'ils pilonnaient des civils. »

Datant de leur emprisonnement en Allemagne, une photo de Raymond Barry et de son équipage a survécu. J'ai pu identifier John Dalgliesh, de la Saskatchewan, pilote ; les mitrailleurs Jack Bédard et Ron Turner, de l'Ontario ; le bombardier Jack Dwyer, également de l'Ontario ; les Anglais William E. Addison Junior, mécanicien de bord, et Dave Clouston, opérateur radio. Tous ont survécu à la guerre.

Humains ambulants. Tandis qu'ils parcouraient l'Allemagne en ruine, ils traversaient des villes dévastées, croisaient des femmes rendues folles, des orphelins affamés, des survivants errant dans les champs de ruines, poursuivant leur périple au milieu des émanations toxiques et de l'odeur pestilentielle qui s'en dégageait.

Une fois rentré au pays, Raymond a retrouvé Mado Boulanger, sa fiancée, la sœur du mitrailleur qui a publié *L'Alouette affolée*. Ils se sont mariés et ont eu six enfants.

Comme il avait utilisé son parachute avec succès, le navigateur du boulevard Laurier a été intronisé au sein du très prestigieux Caterpillar Club, « l'association d'élite dont personne ne veut faire partie », comme on disait alors à la blague. Le club compte dans ses rangs des personnalités telles que George Bush père, qui a sauté d'un avion le 2 septembre 1944, et l'astronaute John Glenn. Ce club existe toujours. Pour en faire partie, il n'y a qu'une exigence : avoir survécu grâce au parachute. La broche en argent que le Québécois a reçue comme insigne et que ses enfants heureux et insouciants ont égarée représente un ver à soie, l'animal nécessaire à la fabrication de la toile de cet instrument de survie. Gisèle possède toujours la carte de membre de son père. À sa demande, le club lui a remis une nouvelle broche pour remplacer celle qui a été perdue.

Chaque année, à la mi-décembre, papa Raymond recevait immanquablement d'Angleterre une carte de Noël signée par un de ses anciens coéquipiers. Une fois la paix revenue, c'est le seul échange qu'ils s'étaient octroyé. Merry Christmas. On peut seulement imaginer ce que ce souhait banal dissimulait de souvenirs muets.

Gisèle soutient que son père a été victime d'un choc post-traumatique. « Pendant des années, il a refusé de prendre le volant. Il n'est jamais retourné en Europe. Il ne voyageait pratiquement pas. Les soirs d'orage, il ne dormait pas. »

Raymond Barry était de petite taille, comme le Kid, Gerry Tremblay et Gilbert « Gil » Boulanger. À ma connaissance, hormis les deux beaux-frères, ces hommes ne se sont pas fréquentés, mais ils appartenaient à l'esprit du fleuve. En deux mots, c'était des aventuriers. Dans ses mémoires publiés en 2010, Gilbert Boulanger déplore l'absence de reconnaissance envers les vétérans de l'armée de l'air. Il rend hommage à tous les aviateurs qui ont combattu à bord de bombardiers, « ces soldats oubliés qui ont laissé dans le sillage de leurs efforts et de leurs sacrifices un Québec et un Canada prospères aux nouvelles générations ».

LES DESPERADOS DE LA GUERRE

Obstineux, chicaniers, un peu déjantés, les gars de la gang à Coulombe font penser à des musiciens en tournée.

De temps en temps, avec les *boys*, le Kid va taquiner la truite sur la rivière Ouse. Une ligne, des appâts, un puisard. Le plus souvent, un mauvais crachin leur trempe les épaules. Il faut éviter de se faire repérer parce que la prise d'animaux sauvages est interdite dans le comté. Une joie inhabituelle accompagne ces expéditions. Entre deux bombardements, ils ont presque l'impression d'être vivants.

Un jour, quelqu'un les dénonce. Convoqués chez le commandant, ils nient. D'accord, les gars. Vous n'étiez pas sur la rivière avec les hérons et les petits poissons. Pour cette fois, on regarde ailleurs, mais la prochaine fois, direct au cachot. Compris? Compris. Ils en sont aux salutations d'usage lorsque Titheridge, l'ingénieur de bord, lance un « Bon appétit! » bien envoyé et en français.

Pris au dépourvu, Coulombe éclate de rire. Ces abrutis ont le don de le désarçonner. Finalement, ce ne sont pas de mauvais bougres. On ne peut lutter contre le destin. Avec les gars, il forme une famille. Aussi bien se serrer les coudes jusqu'à la fin.

Leurs relations ont changé du moment où ils ont mis les pieds à Aldwark (*ald weorc*, ou *old fort* en anglais, veut dire « ancienne place fortifiée » dans la langue des anciens Saxons).

On leur avait annoncé la nouvelle de but en blanc : ils allaient déménager leur barda dans un château. Comme dans les légendes arthuriennes ? Eh bien oui. On mettait à leur disposition une demeure ducale en pierre aux toits ornés de créneaux, avec des tourelles et des dépendances. À une dizaine de kilomètres de la piste de Linton, Aldwark Manor avait été abandonné par ses propriétaires peu de temps après l'évacuation de Dunkerque. L'armée de l'air avait réquisitionné la bâtisse pour loger les deux escadrilles canadiennes qui volaient à Linton. Chambres aux murs lambrissés, escalier monumental, pendules en or et salons somptueux. Après une année passée à essayer de trouver le sommeil dans des baraques infestées de bestioles, l'offre était inespérée.

Le Kid, lui, s'est tout de suite méfié. Le luxe médiéval, très peu pour lui (en fait, la propriété avait été construite en 1863). À sa façon butée, un peu rigide, le Kid craignait que le domaine néogothique leur porte malheur. Soupçonnait-il la présence de fantômes ? Se souciait-il des rats ? Le château manifestement l'effrayait. Il ne le piffait pas.

En arpentant la propriété, il a remarqué, à l'entrée, une modeste demeure qui avait jadis appartenu au garde-chasse. Couverte de lierre, la maisonnette au toit de chaume possédait des fenêtres en encorbellement. Coulombe a poussé la porte doucement. Une lumière bleue l'a accueilli. Quelques minutes plus tard, il s'y installait avec ses hommes.

Les gars de la gang à Coulombe. Avec leur dégaine de chats de ruelle, ils avaient le style ébouriffé de musiciens en tournée. « Obstineux », chicaniers, un peu déjantés. Respectés pour leur habileté à se sortir du pétrin. Enviés pour la chance qui leur collait au cul. Soudés de manière incompréhensible ou peut-être par le goût du sang. Comme des chargés d'affaires dans une jungle hostile, ils devaient remonter le fleuve de la civilisation jusqu'au cœur des ténèbres. À vrai dire, ils se prenaient un peu pour un groupe *underground*, même si le terme n'existait pas encore. Après tout, ils s'étaient entraînés de longs mois pour aller mourir dans une capsule carbonisée. Et ils disposaient d'une colère suffisamment toxique pour rester en vie.

Chacun à sa place. Le Kid était le chanteur principal. Un rôle taillé pour notre skipper, son ego démesuré, ses qualités de leader, son caractère taciturne. Gérard Tremblay, le navigateur, c'était le petit génie aux claviers, la tête plongée dans les cartes, essayant de découvrir où diable ils étaient rendus dans leur concert improvisé. Duo inséparable, Coulombe et Tremblay formaient les piliers du Bad Dream Team.

Mitrailleur de la tour dorsale, Stanley MacKenzie s'imposait quant à lui comme le Charlie Watts de la formation. Discret et cultivé, cet ouvrier de la sidérurgie appartenait à la RAFVR, l'armée de réserve volontaire de la Royal Air Force, une unité plus ou moins constituée de durs à cuire. Coulombe avait une confiance totale en lui. À cause de son âge avancé (vingt-neuf ans), le « grand frère » était traité avec déférence. Posté dans une nacelle de plastique transparent sur le dos de l'avion, il pouvait effectuer des solos avec sa Browning à un rythme étourdissant. Un tueur.

Dans un registre moins flamboyant, le Canadien Joe Jankun jouait du même instrument que son collègue anglais, sauf qu'il était relégué dans la queue de l'appareil, position extrêmement inconfortable. Jankun râlait tout le temps. Et si Coulombe promettait de se débarrasser de lui, le mitrailleur, lui, jurait de ne plus jamais voler avec Coulombe. Parano? Un mitrailleur de queue avait quelques excuses pour se sentir menacé. Il était le premier à se trouver dans la mire des chasseurs allemands et, le cas échéant, son espérance de vie à bord n'excédait pas trente minutes.

Posté dans le nez transparent du Lancaster, également équipé de mitraillettes, le viseur de lance-bombes George Daymond était responsable de diriger l'appareil sur l'objectif à partir des fusées éclairantes parachutées un peu plus tôt par les *Pathfinders* (les éclaireurs). C'était lui qui prononçait les mots magiques «*Bombs gone!*», ce qui signifiait «mission accomplie» et signalait le retour au port. De son côté, Bradbury s'occupait de la radio, tandis que Titheridge assumait les fonctions d'ingénieur de bord et d'assistant pilote.

Ensemble, ils formaient un clan lié par le danger extrême côtoyé ensemble, un danger qui venait de tous les côtés.

Mousquetaires de la nuit, ils étaient des marginaux, des hooligans, des blousons noirs. Sans relations, sans pouvoir, sans patrimoine familial. Et cela constituait la clé de leur succès, le sésame de leur survie. Paradoxalement, le sentiment de se savoir mésestimés leur donnait le courage de continuer. Deux mois à peine s'étaient écoulés depuis leur première envolée, et ils étaient devenus comme cul et chemise. L'expression est exagérée, bien sûr. À vrai dire, ils se supportaient à peine, mais avaient-ils le choix? Desperados ils étaient, et c'est en tant que desperados qu'ils parviendraient à s'extirper de ce cauchemar incendié.

Tandis que leur habitacle de métal hurlant filait vers sa propre extinction, ils traversaient dix fois les portes de l'apocalypse. Le programme était chargé. Parce qu'il n'y avait pas de place pour un copilote dans les bombardiers britanniques, le Kid devait rester cloué à son siège pendant la durée entière du voyage. Les Américains, à l'opposé, pouvaient compter sur deux pilotes dans leur Boeing B-17 Flying Fortress. La tâche était physiquement éprouvante. Malgré le froid mordant qui régnait à bord, Coulombe était couvert de sueur. Les vêtements trempés, il s'appliquait de toutes ses forces à effectuer les manœuvres permettant à son avion d'échapper aux assauts de ces rapaces dotés d'une croix gammée tatouée dans l'aile. S'il subissait une blessure ou s'il était tué, l'avion avait de bonnes chances de se perdre ou de s'écraser.

De retour de mission, Coulombe rencontrait les membres des services secrets. Il leur remettait un rapport en anglais, résumé dans le *log book* qu'il conservait dans la poche intérieure de son blouson. Une fois dans son petit lit de fer, il s'attaquait à son journal personnel, où il consignait, en français cette fois, les détails de chaque bataille. Depuis qu'il était en mission sur le terrain, il n'avait jamais manqué la rédaction d'un raid. Il débutait presque toujours de la même manière :

Ce soir, la target est Mannheim. J'entre dans la ville alors que deux bombardiers en feu périclitent sous mes yeux…

Ce soir, je suis allé à Berlin. Voyage assez calme. J'ai aperçu plusieurs chasseurs ennemis, mais dirigés vers d'autres bombardiers…

Hier soir, je suis allé à Schweinfurt, en Allemagne. J'avais un autre mid upper turret [mitrailleur de tourelle dorsale] dont l'inexpérience nous a causé du retard pour bombarder...

Ce soir, c'est Nuremberg pour la deuxième fois. Il fait clair de lune... Et nous avons perdu quatre-vingt-seize bombardiers.

L'Angleterre était sur le point d'entrer dans la phase critique de la guerre des bombardements contre l'Allemagne. En se réservant le pavillon du garde-chasse, le Kid avait opté pour la stratégie gagnante. Comme le joueur de hockey qui effectue un repli vers la ligne bleue durant une attaque à cinq, il s'était aménagé une retraite pour rassembler son monde autour de lui avant de foncer. À compter de ce jour, ses succès, tout comme ceux du 6e Groupe, se sont succédé à un rythme soutenu. La guerre l'occupait désormais tout entier. Grâce à des gars comme lui, les Canadiens allaient laisser leur marque dans l'Histoire.

Il était devenu secret. Hormis l'évocation de quelques disputes dans le *cockpit*, lorsque ses mitrailleurs menaçaient de se jeter en bas ou qu'un « comparse » les mettait en danger par son comportement, il évitait, dans son journal, de s'étendre sur les relations avec ses hommes, pourtant réputées houleuses. Cette précaution, il l'observait en pensant à sa famille qui, un jour, croyait-il, mettrait la main sur son journal. La réalité était moins harmonieuse. Selon certains témoins interrogés plus tard par les historiens, le *French crew* passait son temps à s'engueuler, le pilote et son navigateur en français, les autres en gallois ou dans un anglais teinté d'un accent cockney. Une sorte de glue sombre les liait qui n'était pas facile à décoder.

Et quand Gerry Tremblay s'est marié en pleine guerre, Coulombe, qui était son témoin, n'a offert aucun commentaire dans son carnet vert. Pas un mot. Rien. Il est également resté muet sur l'abandon progressif de ses pratiques religieuses, sur sa propre violence. Sur sa sexualité.

Il se sentait traqué. S'il ne gardait pas le contrôle sur le *band*, l'un des membres lui arracherait un bras, et ça ce serait l'émeute. Il avait tant désiré devenir pilote de guerre. À présent qu'il commandait son peloton de soldats, il en arrachait. S'il avait su… En Angleterre ! Sur les terres d'un manoir, en plus. Un proverbe recommande de se méfier des prières exaucées. Tu parles !

Niché dans un magnifique parc serti d'arbres centenaires, Aldwark Manor abrite aujourd'hui une auberge et un golf. Dans le bar, derrière le comptoir, il y a une photo de la 426e escadrille remontant à 1944, avec les gars en uniforme massés sur les ailes et au pied d'un Lancaster. Malgré leurs tailles d'insectes sur le cliché, je peux facilement reconnaître le Kid flanqué de son navigateur Gérard Tremblay.

Un tandem d'enfants-comédiens comme il y en a au cinéma muet ou dans la commedia dell'arte.

« Pouvez-vous me répéter leur nom ? » demande l'unique client du bar à cette heure de la journée. Printemps 2019, j'évoque pour lui le Kid, son parcours de jeune fauve, ses douze opérations à Berlin, les copains anglais, leur chance d'avoir survécu.

Le monsieur semble intéressé. Silence. Nous fixons la photo au mur.

« Ces gamins auraient dû être à l'école, me dit l'homme. Parmi les autres, on remarque quelques gaillards solides, mais ces deux-là ont vraiment l'air d'enfants. »

APRÈS VOUS, MON CHER

Ou comment le Kid résiste à l'abus de pouvoir en envoyant promener le commandant anglais.

Horizon limpide ou ciel fangeux ? Le premier réflexe du pilote en se levant le matin est de jeter un œil vers la fenêtre pour juger le temps qu'il fait. Sa vie en dépend. Conscient de la situation, Churchill a eu cette pensée pour ses aviateurs : « N'oubliez jamais, je ne vous demanderai pas de combattre la température en même temps que les Allemands. » Paroles nobles. Qui rassurent. Sur le terrain, toutefois, les choses se passent autrement. À bord de leurs destriers chargés d'explosifs, les équipages doivent affronter des blizzards meurtriers, de la pluie transversale, de la poudrerie, des grêlons gros comme des balles de golf, sans oublier les bourrasques et les embruns increvables.

Un soir morne de fin d'automne, alors que Coulombe attend dans son avion le signe de départ pour la mission, la neige apparaît sur la piste, sans s'annoncer. Derrière lui, comme pour un enterrement, la file des bombardiers réquisitionnés pour la nuit. Pare-brise gelés, frimas sur les ailes, roues à demi engluées dans la boue, énormes chargements d'explosifs, autant de facteurs qui leur garantissent un aller simple pour le paradis.

Aux aguets, les aviateurs entendent la voix du commandant retentir dans leurs casques. L'officier s'adresse à Roger Coulombe, dont le bombardier lui colle aux fesses. « Sergent, prenez les devants. Je vais me retirer de la file pour vous laisser la place. Si vous réussissez à passer, nous vous suivrons. »

Comprenant que l'autre veut le piéger, Coulombe n'hésite pas. Sa famille a déjà sacrifié un fils à l'Angleterre. Il ne va pas laisser ce petit salopard l'utiliser à son tour comme chair à canon. Avec aplomb, il réplique à son supérieur : « Vous être dans la position numéro un, Sir. Vous décollez. Si vous vous en tirez, nous vous suivrons. »

Dans le cortège de carlingues glacées, l'ahurissement est total. Coulombe, c'est qui ce type ? Envoyer promener le commandant anglais, quelle folie ! Oui, mais voilà : « *Roger had both guts and common sense* », jugera plus tard le pilote ontarien Douglas Harvey, qui est également présent sur la piste cette nuit-là.

« Roger avait à la fois du culot et du bon sens », a-t-il écrit dans ses mémoires. Servant sous la bannière des Goose, Harvey a surtout retenu de cet épisode le peu de cas qu'on faisait de la vie d'un sergent (Coulombe et ses hommes étaient toujours sergents), preuve selon lui que, dans le système de castes en vigueur au sein de la Royal Air Force, les gars au bas de l'échelle ne valaient pas davantage que le tissu dans lequel on avait taillé leurs blousons.

Le Kid a refusé de transformer son avion en brochette pour servir les intérêts d'un plus haut gradé que lui. Son équipage n'allait pas servir de prétexte pour annuler une opération que tout le monde savait perdue d'avance. Le commandant en a pris note. Après quelques minutes, il a annoncé son intention d'annuler la sortie : « *The trip is scrubbed. Get your aircraft back to your dispersals* », a-t-il ordonné de sa voix hautaine.

Le Kid ne ratait pas souvent l'occasion de se vanter dans son journal. Il ne frimait jamais, mais, quand il se conduisait en champion, il tenait à ce que ça se sache dans le comté de Montmagny. Aussi, on aurait pu s'attendre à ce qu'il reproduise dans son journal la réplique assassine qu'il avait servie à son petit chef sur la piste de Linton. Surprise : il n'en a pas soufflé mot. Sur toute cette affaire, il est resté aussi muet qu'une carpe.

Un oubli ? C'est peu probable. Dans le rôle du chroniqueur, le Kid ne laissait jamais passer une occasion de se mettre en valeur. J'en déduis qu'en bon fils élevé à l'ombre des soutanes il ne pouvait se féliciter de ses piques contre l'autorité, même si son geste avait contribué à sauver sa peau et celle de ses hommes.

Dans le Québec de cette époque, l'obéissance tenait encore la première place au palmarès des vertus. Conscient d'évoluer sur un terrain glissant, Coulombe savait jusqu'où il pouvait aller. Si, à la maison, on était d'accord avec lui pour affronter les petits despotes éduqués à Eton ou à Cambridge, comme on était d'accord pour lutter contre les nazis, tout geste d'insubordination dans une organisation, fût-ce l'armée canadienne, était considéré comme répréhensible. Le Kid n'avait pas besoin qu'on lui mette les points sur les « i » : s'il voulait se mériter l'amour des siens, il devait se montrer obéissant en toutes circonstances et éviter de péter plus haut que le trou.

FATIGUE, ARMES ET *SPEED*

Le Kid est responsable des agissements de ses hommes. En particulier quand ça dérape.

Dans le café-restaurant du British Museum, la salle à manger ne désemplit pas. Des touristes, des étudiants, des amateurs de *high tea*. J'ai dégoté une petite table à l'arrière pour ne pas être dérangée. Richard Philips me rejoint en se frayant un passage parmi la foule. Au-dessus de nos têtes, à travers le gigantesque dôme en verre, le ciel dessine une courtepointe bleue. C'est notre première rencontre. Nous sommes en mai, un peu moins d'un an avant le déclenchement de la pandémie de COVID-19.

Richard est le petit-fils de Stanley MacKenzie, l'un des deux mitrailleurs de Roger Coulombe durant la guerre. Anglais, la mi-cinquantaine, l'air d'un *docker* ou d'un marin, il habite la région du Kent, à environ deux heures de Londres.

À la mort de son grand-père, il avait quinze ans. Il ignorait à peu près tout de la guerre de Stanley parce que celui-ci s'était obstiné à n'en rien révéler. « J'ai découvert son *log book* tout à fait par hasard en 2012. Avec mes frères, nous sommes tombés des nues. J'ai ensuite "googlé" Roger Coulombe sur Internet et j'ai découvert le Berlin Kid. Quel nom de légende ! Je suis devenu hanté par cette histoire. »

Pour célébrer notre rencontre, le petit-fils de Stanley m'offre une épinglette ornée de la figure de l'Oiseau-Tonnerre, l'emblème du 426. Avec ses ailes en croix et ses couleurs bariolées, la créature légendaire appartient à la culture des Haïdas, peuple autochtone du nord de la Colombie-Britannique. Le peuple haïda est également à l'honneur à quelques mètres d'où nous nous trouvons, dans la Great Court du musée, où se dresse le mât totémique de Kayung, une pièce extraordinaire mesurant douze mètres de hauteur.

Au moment de baptiser ses nouvelles escadrilles en 1940, l'Aviation royale canadienne a puisé dans les mythologies des peuples autochtones. Ce geste d'appropriation culturelle ne serait pas toléré aujourd'hui mais, à l'époque, c'était courant. Quelle que soit sa mascotte (oiseau-tonnerre, tomahawk, bison, oie, etc.), chaque blason de l'aviation militaire était surmonté de la couronne de saint Édouard, symbole du pouvoir royal britannique.

La serveuse apparaît devant nous. Je commande de l'agneau. Rick choisit une salade. Il remplit ensuite nos verres d'eau. C'est à ce moment-là qu'il lève les yeux vers moi : « Vous êtes au courant pour les dommages collatéraux ? » Je respire profondément : « Dommages collatéraux ? Vous voulez dire une bavure, Richard ? Dans leurs rangs ? »

Attrapant un morceau de pain, Richard fait un saut dans le temps jusqu'au raid sur Munich, celui du 6 septembre 1943. « Vous saisissez ? C'était leur huitième. » Du coin de l'œil, je vérifie le bon fonctionnement de mon enregistreuse.

Pour plus de sûreté, je tire un calepin et un stylo de mon sac. Plus tard, j'y retrouverai les mots «dommages collatéraux», suivis de trois points d'interrogation.

Richard penche vers moi son corps solide, sa tête auréolée de cheveux blancs. Le 6 septembre 1943, avance-t-il, la 426e escadrille est réquisitionnée afin de foncer sur la capitale de la Bavière pour la deuxième fois en une semaine.

« Tremblay était absent cette nuit-là. Coulombe a dû faire appel à un *sprog* [un remplaçant]. C'était un officier inexpérimenté de la Royal Air Force. Erreur ou négligence, le jeune avait oublié d'apporter des instruments essentiels à la navigation. Durant le raid, privé de guidance, Coulombe s'est écarté de sa route. Il a été obligé de rebrousser chemin, à contre-courant vers la cible, risquant de percuter un des bombardiers de sa propre formation.»

Par miracle, il s'en est tiré, mais, au retour, ses réservoirs étaient vides. Pour ne pas s'écraser, il a dû atterrir d'urgence sur une piste proche de la côte anglaise. Dès l'instant où son avion s'est posé, ses quatre moteurs ont stoppé net. Panne sèche. On a dû remorquer le Lancaster jusqu'aux hangars.

Sans toucher à son assiette, Richard poursuit: « Une fois à terre, les boys se seraient rués sur l'officier anglais. Sa tête aurait heurté le sol. Il serait mort.»

C'est un secret de polichinelle que l'état-major britannique distribuait des amphétamines à ses aviateurs pour les aider à résister au manque de sommeil. Ces «pilules de caféine», ou *wake-up pills*, avaient des effets pas mal plus corsés que ceux d'un expresso. «Ces substances pouvaient me garder éveillé pendant deux jours», explique le Gaspésien Gérard Poirier dans l'autobiographie qu'il a rédigée pour sa famille. «Les *wakey-wakey* me rendaient toujours instable et nerveux», ajoute ce pilote réputé pour son calme.

Fatigue, armes et *speed* : la mixture n'est pas vraiment réputée pour susciter l'amour de ses semblables.

Que s'est-il passé au retour de Munich ?

Dans son *log book*, Coulombe livre un bref compte rendu de la mission. Il confirme l'absence de Tremblay durant la sortie. Sur un ton outragé, il se plaint d'avoir eu à s'accommoder de la présence d'une nouvelle recrue à la navigation, un gars qui n'avait aucune expérience des bombardements sur l'Allemagne. Il n'évoque aucun débordement.

« J'ai travaillé la navigation avec lui la veille, sachant que c'était son premier voyage », spécifie-t-il à l'intention de ses supérieurs. Il ajoute : « Et je ne lui faisais pas confiance, même si je ne le connaissais pas comme navigateur. »

Dans son journal personnel, il évite de mentionner la présence de l'intrus dans le *cockpit* au profit de considérations plus générales sur le raid : « Ce soir, annonce-t-il avec la placidité d'un présentateur télé, la *target* est Munich, ville d'art et de culture, mais aussi berceau du nazisme. »

Depuis un moment, dans ses comptes rendus, il se déclare « mort de fatigue », comme si ce métier l'avait entraîné au-delà de ses forces, au-delà de ce qu'il pouvait supporter.

En l'absence de témoins (tous les protagonistes sont morts), il est difficile d'expliquer ce qui s'est produit au cours de cette nuit du 6 septembre 1943, qui a fait quoi ou même s'il y a eu violence entre eux cette nuit-là. Chose certaine, Roger Coulombe devait prendre à son compte toute bévue survenue sous son commandement, qu'il ait été présent ou non au moment des faits. Telle est la loi de l'aviation militaire.

Le musée est un bon endroit pour se pencher sur des énigmes.

« Qui vous a raconté cette histoire ? » ai-je demandé à Richard. Mon invité a prononcé le nom de Bill Swetman, le commandant de Roger Coulombe à l'époque. Âgé de vingt-trois ans en 1943, le Canadien William Swetman avait été placé à la tête de la 426e escadrille pour remplacer son supérieur, qui venait d'être tué dans un raid. Coulombe aimait Swetman. C'est ce dernier qui aurait pris la décision de ne pas porter d'accusation contre le Kid.

Pour quelle raison ? « Il ne voulait pas perdre un équipage qui avait fait ses preuves », a offert Richard en faisant honneur à sa salade.

Lorsqu'elle n'était pas attribuable au feu ennemi, la perte d'une vie au cours d'une mission suscitait inévitablement une enquête. Des sanctions sévères étaient à prévoir qui pouvaient inclure le bagne et la cour martiale pour le chef de mission.

À moins que le capitaine, se dit-on, s'offre pour une mission impossible, un truc dément qu'on n'aurait pas osé exiger de tout autre combattant. À moins que Roger Coulombe se soit porté volontaire, avec son équipage, pour bombarder douze fois Berlin, la ville la plus redoutable et la plus âprement défendue du Reich.

Douze fois Berlin contre la promesse d'échapper aux sanctions ? L'hypothèse est séduisante et pourrait nous aider à comprendre pourquoi le Kid a accepté de se lancer nuit après nuit à l'assaut de la capitale allemande sans protester ou sans même avoir l'air d'y toucher.

Il a d'ailleurs prétendu s'être offert de son plein gré pour bombarder la Big City. « Le commandant m'a donné le choix entre Hambourg et Berlin, a-t-il résumé. J'ai choisi Berlin. Dans l'escadrille, j'étais celui qui possédait le plus grand nombre de vols jusque dans la capitale. On m'a jugé arrogant. Simplement, je connaissais bien la route pour l'avoir faite plusieurs fois. »

Subterfuge ? Tous les aviateurs craignaient comme la peste de se retrouver avec un bombardier chargé à bloc au-dessus de Berlin. Dans un récit livré dix ans plus tard, au début des années 2000, le Kid, alors âgé de quatre-vingts ans et des poussières, a reconnu pour la première fois à quel point Berlin lui foutait la trouille.

« Le voyage nous prenait plus de huit heures, et je peux vous garantir que c'est long quand on doit l'accomplir dans un tel état de stress. En partant à l'assaut de Berlin, vous aviez l'impression que vous ne pourriez jamais passer à travers, l'impression que votre avion ne serait pas à la hauteur tant du point de vue de la vitesse que de celui de la manœuvrabilité. Durant chaque raid, vous pouviez voir les autres bombardiers emprisonnés dans la lumière aveuglante des projecteurs ennemis, assaillis par l'artillerie de la défense antiaérienne, exploser puis se désintégrer en vol. Ou encore, ils étaient engagés dans des combats avec les chasseurs. C'était une vision des plus terrifiantes. Même si votre avion n'était pas attaqué à ce moment-là, vous vous sentiez très inquiet. J'ai accompli trente missions en Allemagne, et rien n'était plus éprouvant pour les nerfs que la Big City. »

À l'époque, Coulombe avait déjà à son crédit trois sorties sur la capitale allemande. Simple calcul, aurait-on pu lui dire. Tu en fais neuf de plus et on ne parle plus de cette malheureuse affaire.

Berlin. À la première occasion, la Big City promettait de vous découper en rondelles. Bill Swetman, qui y avait mené six attaques, a été qualifié de héros en raison de cet exploit. Coulombe, qui en avait accumulé le double, n'a jamais reçu de reconnaissance officielle pour sa performance. Même sur sa tombe, il n'y a rien. Berlin, douze fois ! Pourtant, dans les bases de l'Empire, les gars savaient à quel point la tâche était difficile.

« Roger Coulombe était devenu célèbre dans tout le Bomber Command pour avoir survécu à ses douze missions sur Berlin », a reconnu William Swetman dans la brève introduction qu'il a rédigée en 1998 pour le grand ouvrage de référence sur la 426ᵉ escadrille intitulé *Thunderbirds at War*.

Selon Richard, qui a pu s'entretenir avec lui, Swetman aurait bel et bien négocié l'exonération de Coulombe et de son équipe. Mais comment en obtenir la confirmation ? Parmi les membres de l'association des vétérans du Thunderbird, à Trenton, en Ontario, personne ne semble au courant. Je me suis rendue à l'une de leurs assemblées annuelles. On m'a gentiment offert de la bière et montré des photos où figure Bill Swetman quelque temps avant sa mort, mais on a refusé de me mettre en contact avec ses descendants. Même silence obstiné de la part de Larry Motiuk, historien, vétéran du 426, que j'ai rencontré dans une résidence pour personnes âgées à Ottawa à l'automne 2019.

En consultant sa page Facebook, j'ai pu remonter jusqu'à Bob, le fils du commandant Swetman. Bob vit en Ontario. Je l'ai joint au téléphone. Après une brève mise en situation, je lui ai demandé s'il avait entendu parler des dommages collatéraux essuyés par Coulombe à la suite du raid sur Munich le 6 septembre 1943 et de la décision de son père de ne pas incriminer le Kid pour cette bavure. Au bout du fil, Bob a hésité. Quelques secondes se sont écoulées, puis il a parlé d'autre chose. D'une voix très douce, il a ensuite offert cette explication : « Mon père et Coulombe, ils étaient très proches, vous savez. C'était peut-être la raison. »

DÉMONIAQUE

**Dans le feu de l'action, il se prend pour Lucifer.
Ses camarades l'appellent « le Fils du diable ».**

Le 12 septembre 1943, Roger Coulombe se réveille dans le pavillon de chasse de l'Aldwark Manor dans le Yorkshire. La brise soulève les rideaux devant la fenêtre. La guerre. Les camarades. Il n'a à fournir aucun effort pour se rappeler où il est. Le bout du nez gelé, il attrape son carnet vert, dont il soulève précautionneusement la couverture. Il souffle dans ses doigts pour les réchauffer avant d'appuyer sur la plume. Puis, il écrit : « Aujourd'hui, j'ai vingt-trois ans. »

Un constat lapidaire. Ce qui, chez lui, traduit la déception ou la colère. L'ennui, peut-être ? Depuis Munich, le pilote est cloué à terre avec le reste des escadrilles du Bomber Command. Problèmes d'équipement, d'effectifs et de radar : tous les raids ont été interrompus sur l'Allemagne.

Durant cet automne 1943, en seulement dix-neuf jours, « Butcher Harris » a perdu le tiers de ses avions et le quart de ses hommes. Sans remettre en question sa doctrine offensive, le grand vizir de Churchill s'accorde une pause, le temps de se réapprovisionner en bombardiers lourds et de renflouer son armée de jeunes kamikazes.

Plus tard durant cette journée, le Kid lit *Les Misérables*, le chef-d'œuvre de Victor Hugo. Ce gosse à la curiosité aiguisée apprécie autant le danger que la culture. Cinéphile, amateur de poésie, de théâtre et de musique classique, il a toujours eu des dispositions pour l'étude. Ancien séminariste, il maîtrise le latin. Le nez dans le dictionnaire, il améliore son anglais (il mémorise le *Webster* page par page). On peut le considérer comme un surdoué.

Dans son carnet, sa prose est moins déliée qu'à son arrivée. Forcément. Ce n'est plus l'aventure à laquelle il s'attendait. Difficile de causer librement quand la mort exhale son souffle glacial sur vos épaules. Il continue cependant à se raconter parce qu'il s'y est engagé et qu'il y trouve un exutoire.

Il écrit aussi pour apprendre à se connaître davantage, pour rassembler ses idées, pour se ménager une distance salutaire avec les instants où tout chavire. Depuis quelque temps, il prend plaisir à divertir un groupe de lecteurs très différent de son public habituel. Je pense à ceux qui analysent ses rapports dans les bureaux des services secrets. Ces gars-là connaissent la musique. Ils savent dans quel registre inhumain il évolue.

Une nuit où il est particulièrement en verve, il s'approprie les mots de Victor Hugo pour décrire leur position au retour d'une attaque. Sûr de son effet, il utilise dans son *log book* l'expression latine qui coiffe le treizième chapitre des *Misérables* : « *We were solus cum solo* », écrit-il. Ce qui peut vouloir dire : « Nous étions seuls face au monde, face aux caprices de l'univers, face au destin. »

Avec cette interprétation romanesque, Coulombe reprogramme sa réalité, la transcende, la réenchante. Comme un acteur choisit le registre dans lequel il va jouer, il se place dans un cadre qui le définit bien en même temps qu'il le met en valeur. Sa vie ressemble à un épisode de science-fiction. Peu importe que celle-ci soit encore à inventer, le Kid se projette dans le temps. Il est ailleurs.

Ce goût pour la littérature pourrait-il lui attirer une rebuffade? Du genre: «Coulombe, pourriez-vous vous en tenir aux faits, s'il vous plait?» Au contraire, tout porte à croire que son style fait mouche. Peut-être même qu'à Allerton Park, où l'état-major canadien a ses quartiers, des types aux paupières lourdes et aux yeux cernés s'amusent vraiment en lisant ses comptes rendus. Il est ravi.

Hanovre, Kassel, Düsseldorf, Berlin…

Les combats reprennent, avec une férocité renouvelée. La drogue pour tenir, le feu pour tuer, les copains pour vaincre, la mort partout. La cadence est telle que le Kid n'a plus de temps pour penser. Défoncé aux «*wakey wakey*», il expérimente une sorte de décalage. Un détachement aussi, doublé, parfois, d'un mépris pour la vie.

Au milieu du tumulte, il ne martèle pas: «Démocratie, liberté, tyrannie!» Il pense: «Débloquez-moi ces roues-là.» Il pense: «Ce maudit avion est sous-armé.» Il se répète: «On va tous y passer.» Puis: «Je dois sortir de la *target* au plus sacrant. Trois cent dix milles à l'heure, ça devrait faire l'affaire.» Ou encore: «Je suis gelé raide. C'est quoi, ce maudit système de chauffage?»

Dans son book, ses histoires débutent souvent avec la gaffe d'un tiers. Le scénario est récurrent et vise le plus souvent Tremblay. Le 8 octobre, un mois après son vingt-troisième anniversaire, le Kid trouve de quoi alimenter sa chronique: Tremblay a oublié de remonter sa montre avant le départ.

Maladresse qui les a conduits loin de la cible encore une fois. Demi-tour. Excité comme une puce, Coulombe invite la catastrophe à s'asseoir sur son épaule. Moteurs au fond.

Rien de plus facile. Il passe alors « en quelques minutes », spécifie-t-il, d'une altitude de 24 000 pieds à 17 000 pieds. Wooooh, les amis ! Un plongeon de 7 000 pieds !

Au-dessus de Hanovre, cette nuit-là, non content d'exécuter le saut de l'ange, il se glisse sous les cinq cents bombardiers de sa formation. Rappelons que ces avions étaient chargés à bloc de munitions. À la moindre collision, il serait transformé en météorite. L'impression de danser sur un volcan, l'adrénaline au plancher.

Soucieux d'atteindre la ligne d'arrivée, il se dirige vers l'endroit désigné pour lâcher ses bombes. Au milieu de l'apocalypse, conscient d'écrire un chapitre inoubliable de ses aventures, il se tourne vers Tremblay et, « avec l'intention de l'envoyer chier pour avoir oublié de remonter sa montre », écrit-il à l'intention de ses supérieurs, « je lui ai dit : "C'est notre dernière heure, Gerry ! Une fois que l'avion sera abattu et que nous serons tués, je te donne rendez-vous en enfer." »

Coulombe avait une double personnalité. Sous l'effet du danger, son côté sombre prenait le dessus. Adieu le servant de messe, le communiant au cœur pur ! Bonjour le vilain charismatique, l'imprécateur au verbe injurieux et aux propos blessants ! Le fait de s'exprimer en anglais (obligatoire dans l'avion) lui permettait-il de se distancier encore davantage de son moi idéal pour donner libre cours à sa méchanceté ? Dans le feu de l'action, il devenait corrosif. Fruit de la nervosité ? De la frustration ? Les sarcasmes pleuvaient. Surtout à l'égard de ses coéquipiers les plus vulnérables (ou les plus proches). Comme Tremblay.

« *This is our final hour. I shall meet you in Hell... after we are shot down and killed!* » Tirée de son *log book*, la malédiction adressée à Tremblay sonnait bien. Quelqu'un avait dû la répéter dans les hangars de l'aviation canado-britannique parce que, très vite, ces paroles étaient devenues célèbres. Selon la rumeur, le Kid avait conclu un pacte avec Méphisto. C'était bien sûr exagéré. Ses accointances avec les forces démoniaques étaient le fruit d'une boutade; cependant, elles lui collaient à la peau. Et c'est avec admiration que les aviateurs francophones l'avaient surnommé (en français) « le Fils du diable ».

Au printemps 2019, ce surnom réapparaît sur un site britannique intitulé Bomber Command History Forum, où des historiens amateurs se réunissent pour un chat. Coulombe, dit « le Fils du diable », y est présenté comme un prince des ténèbres, un chef aux liens mystérieux avec les profondeurs toxiques de l'univers. « Ce gars-là avait tant de fois joué avec la mort que seul Satan pouvait veiller sur lui », analyse l'internaute britannique qui rapporte cette légende.

Il prétend la tenir de son grand-père, un vétéran de la Royal Air Force. Le Kid. Soixante-dix ans après la fin de la guerre, son nom baigne toujours dans une odeur de soufre.

On le disait imprévisible, hargneux, sauvage. Il avait un destin. Il ne l'avait pas précisément cherché, mais il était devenu le protagoniste d'une épopée luciférienne. Comme il n'aimait pas trop la figure du héros, il avait pigé une carte, celle du pilote machiavélique, ce qui lui permettait de rester, du moins en apparence, maître du jeu. Gambler, il ne dévoilait jamais sa main. Il disparaissait au besoin.

Ses cheveux aile de corbeau se confondaient avec la couleur des nuits tragiques. « Il était notre idole », statuent le pilote Édouard Jean et le mitrailleur Martin Favreau en exergue d'un document inédit, un projet de film sur la guerre, que j'ai retrouvé dans les archives du Kid. Membres du Thunderbird, comme Coulombe, les deux Québécois se tireront indemnes de la guerre des bombardements. Décédés depuis au moins dix ans, ils n'ont, hormis ce projet de livre, laissé aucune trace derrière eux.

Le Kid savait tenir son rôle. C'était un métier, après tout, et il se l'était approprié. Il devait goûter l'ironie. Lui qui allait à la confesse depuis tout petit était maintenant respecté pour sa sympathie avec Lucifer.

Renonçant à son beau profil, il intimidait, médisait, calomniait, menaçait, tuait. Les principes qu'on lui avait inculqués à la petite école, durant son cours commercial, à l'église communale, au séminaire puis au cours classique, tout cela s'était dissipé. Le monde pouvait s'effondrer, il s'en moquait, finalement.

Au-delà de la mer de solitude, maman Lorenza conservait un peu de son ascendant sur lui et, dans son carnet vert, il lui arrivait de redevenir le petit garçon soucieux de lui soutirer un sourire et d'épater ses grands frères. Dans le mini-cahier, sous le verrou doré, l'enfant ressurgissait. Avec son cœur et l'intention d'être aimé.

Durant une de ses missions nocturnes, il avait survolé l'endroit où son frère Roland était enterré. C'était près de Hanovre. Il l'avait noté dans son cahier. De prime abord, il peut sembler ironique que le saint de la famille repose en Allemagne, qui était l'enfer sur terre. Le Kid possédait une sensibilité à fleur de peau et une intelligence fine, mais il souffrait d'un léger déficit d'attention lorsque son empathie était sollicitée. En raison de cette affliction, il ne s'attristait jamais très longtemps. Aussi, quelques lignes après avoir mentionné la tombe de Roland dans son journal, sans plus d'état d'âme, il se félicitait d'une attaque impeccable malgré « le trouble » que lui avaient donné les chasseurs allemands qui projetaient sur lui des fusées éclairantes pour l'aveugler.

Il devait une partie de sa survie, et c'est peut-être rassurant de le penser, à son caractère impossible. Si l'on excepte la chance, qui figure en première place pour remporter ce genre de tournoi contre la mort, c'est l'imagination qui nous sauve. Impatience, morgue, soif de reconnaissance, créativité. Une sorte d'alchimie dans laquelle entre également, je crois, le désir de s'en sortir pour pouvoir se raconter.

Dans ses comptes rendus en français, bien qu'il écrivît pour le cercle restreint de sa famille, il ne dérogeait jamais de son angle, qui était celui de l'homme d'action relatant les grands faits de l'Histoire au fur et à mesure de sa fabrication. Il croyait au mythe de la vie majuscule, qu'il opposait, sans pour autant les dénigrer, aux vies minuscules, au petit commerce, à l'accumulation de biens.

Mon père souscrivait à la même philosophie. À l'instar de Coulombe qui, avec ses vingt-cinq ans d'études, est demeuré locataire toute sa vie, Godefroy ne cherchait pas à se constituer un patrimoine digne de ce nom.

Mon père aurait aimé écrire son livre. Il a accouché de quelques chapitres, mais c'était trop tard. Quant à Coulombe, la soixantaine entamée, il a ébauché un plan que j'ai retrouvé dans ses cartons. Un projet d'autobiographie datant des années 1980. Les huit paragraphes qu'il a jetés sur le papier reprenaient essentiellement les éloges qu'il avait récoltés outre-mer, l'estime et l'admiration qu'il avait suscitées de la part de ses pairs, son statut légendaire en Angleterre et les propos des médias londoniens qui parlaient de lui comme d'un « nouvel Icare ». S'il voulait tenir la plume jusqu'au mot « fin » sans cligner des yeux, il devait s'en tenir aux faits qui l'avaient maintenu en vie dans l'enfer qu'il avait visité. Ce n'était pas une question d'orgueil ou même de vanité. Le côté hâbleur était une simple parade. Son job était le courage.

Ce trait de caractère l'avait sorti des situations les plus périlleuses. Et rédiger un bouquin sur sa guerre pouvait s'avérer une entreprise exaltante.

Alors, qu'est-ce qu'il attendait ? Bon conteur, drôle, sardonique, doté d'un sens aiguisé de l'observation et d'un don naturel pour les dialogues, il aurait pu s'atteler à ses mémoires une fois la guerre terminée. Amoureux de la chose écrite, il aurait rassemblé son histoire dans un beau volume sur tranche dorée. Un seul bémol : revenir sur son passé l'aurait forcé à sortir de sa carapace, à gratter ses blessures, à revisiter sa confiance proverbiale. Il aurait dû composer avec une vulnérabilité qu'il savait mortelle pour son équilibre psychique. Et puis, il aurait fallu parler de Roland... Juste d'y songer, ses poumons se contractaient, soudainement privés d'air. L'effort serait insurmontable. Il le savait.

Plus tard, face aux historiens qui lui quémandaient des détails sur telle attaque, sur tel épisode, il réagissait avec empressement, mais en escamotant le plus possible « l'intérêt humain » pour s'attacher aux aspects techniques, au déroulement logique des événements. Cette volonté de décrire les faits sans pathos ni morale correspondait à l'image qu'il s'était construite de lui-même : celle d'un vétéran cultivé, amateur d'opéra, de golf, d'équitation et de bons vins, qui répondait obligeamment à son courrier pour satisfaire la nouvelle curiosité des médias à l'égard de la guerre des bombardements. Une sorte de Sherlock Holmes de la stratégie militaire, heureux de résoudre des énigmes sur la guerre, mais taisant le principal. Cinquante écrasements en une nuit ? Élémentaire, chers Watson, Knott, Motiuk ou Dunmore : les altimètres étaient bloqués. Sans surprise, il n'a jamais donné suite à son projet d'autobiographie. Cinquante ans après la fin de la guerre, le Kid rugissait encore, mais le docteur Coulombe le tenait à distance.

LE ZOO DE BERLIN

Cette nuit-là, il bombarde l'un des symboles les plus pervers du nazisme.

Les bombardements aériens avaient ceci d'irréel : tandis que des milliers de tragédies homériques se jouaient au sol, aucune plainte ne parvenait aux oreilles du Kid. Passé le bruit assourdissant des moteurs, Roger Coulombe n'entendait rien de la dévastation qui se déroulait en bas : ni les cris des femmes, ni les gémissements des enfants, ni le tocsin, ni les os des villes qui se disloquaient, ni le tonnerre des beffrois qui s'effondraient.

L'engrenage fatal. On tue l'ennemi du haut des airs, on tue toutes les semaines. On tue sur commande. On tue sans voir de cadavres. Puis, le jour arrive où on succombe à sa propre barbarie : on tue son camarade.

Dans son journal de bord, comme pour se distancier encore davantage du carnage, le Kid accumulait des statistiques (étrangement, les nazis ont usé d'un procédé semblable durant l'Holocauste). Si c'était son quatrième raid sur une ville, il l'indiquait. C'était important. Tout comme la durée d'un vol. Ou le tonnage des bombes. Il notait aussi la température à l'intérieur de l'avion – parfois jusqu'à -40 degrés

Celsius. Et il ne manquait jamais de souligner le nombre de bombardiers qui manquaient à l'appel (au-delà de 10 %, on parlait d'un massacre).

Il n'écrivait plus : « C'est une pitié de voir Berlin en feu. » Il rappelait : « Nous avons déversé 2 500 tonnes d'explosifs sur la ville. » Il ne disait pas : « 175 000 résidents de l'agglomération urbaine berlinoise se sont retrouvés sans-abri. » Il se désolait : « Hélas, mon congé a été remis d'une journée. »

Il n'était évidemment plus question de correspondance fugace avec une femme enceinte fuyant leur implacable vengeance comme une bête traquée. Il n'était plus question de la Vierge Marie, de protection divine, de lumière intérieure. Demander pardon aux créatures de Dieu en bas ? Impossible. Et puis, Coulombe appartenait à la race des paysans. Une espèce prompte aux jugements expéditifs et à la justice sommaire. Le paysan tue son chien sans le moindre état d'âme s'il soupçonne la bête de dévorer son bien. Son monde n'est pas égalitaire, mais se décline comme une hiérarchie du plus faible au plus fort, avec la nature comme esclave au bas de l'échelle. Et passe-moi le gibier que je l'éventre avec mon couteau. Et passe-moi le cochon où tout est bon jusqu'à la torture. L'animal sacré ? Une invention des shamans. Pourtant, la mort des animaux précède celle des sociétés. On en avait eu la démonstration durant la Première Guerre mondiale, quand le zoo d'Anvers avait été bombardé. Sur place comme artiste en résidence, le sculpteur Rembrandt Bugatti n'avait pu supporter ce génocide animal. Il s'était suicidé quelque temps après le massacre des girafes et des éléphants qu'il avait reproduits en quantité dans son art.

Roger Coulombe n'avait jamais mis les pieds dans un parc d'animaux exotiques. Il n'avait jamais vu de tigre de sa vie, jamais admiré d'autruche autrement que dans les pages illustrées de ses livres d'aventure préférés. Le 23 novembre

1943, pourtant, en arrivant au-dessus de Berlin, il se dirige vers le zoo, qui figure cette nuit-là au nombre des cibles établies par le Bomber Command.

Au *briefing*, le commandant leur a refilé cette information : le zoo de Berlin recèle l'un des plus importants dispositifs de défense antiaérienne de toute l'Allemagne, la *Flak*, un barrage de canons superpuissants dont Hermann Göring a personnellement supervisé l'installation.

Le zoo dissimule également un laboratoire dont les prétentions scientifiques donnent froid dans le dos. Directeur du zoo et biologiste de Hitler, Lutz Heck y travaille à la conception d'une race pure de chevaux à partir d'un assemblage d'espèces disparues. Une élucubration caractéristique de la folie mégalomaniaque des nazis.

En vue du jardin animalier, cette nuit-là, Roger Coulombe et ses hommes ignorent tout du laboratoire où des dégénérés détruisent le monde en prétendant le refaire. Derrière les commandes de son Lancaster, le Kid est surtout attentif à la Flak, dont les roquettes menacent de le transformer en torche ailée. Autour de lui, des arcs de feu orange et vert déchirent le ciel couvert de braises. Le spectacle est intense. Pour un aviateur, le ciel chargé de la Big City est l'endroit le plus périlleux sur terre.

Avec les autres pilotes séniors, il vole à présent au niveau inférieur de la vague des attaquants qui se décline comme un millefeuille, les recrues les moins expérimentées occupant le dessus.

Concentré, les sens en alerte, il sent le souffle des bombes qui le frôlent en provenance des bombardiers au-dessus de lui. La nuit avance. Il faut sortir de cette marmite au plus sacrant ! À son tour d'engloutir l'univers. Sinon, il sera aplati. Go ! À ses pieds, allongé dans le nez transparent de la carlingue, le viseur de lance-bombes attend le moment propice. « Feu ! » hurle Coulombe. « *Bombs gone!* » crie Daymond à son tour, juste au moment où il fait basculer les explosifs par la trappe de l'avion.

L'instant suivant, un incendie furieux s'empare du zoo de Berlin. Trois cents quadrupèdes et presque autant de grands oiseaux tentent de fuir le jardin noyé dans la fumée. Certains animaux sont pris au piège, mais quelques-uns parviennent à s'extraire du brasier et à gagner les quartiers environnants.

Le lendemain, dans la ville, des rumeurs courent au sujet d'un lion qui a été aperçu devant une sortie de métro. Un journal signale la présence d'un cobra dans un abri anti-aérien. L'hypothèse de voir surgir un crocodile affamé devant sa porte est inquiétante, surtout qu'on s'est réveillé dans des quartiers à moitié calcinés ou sous des toits défoncés.

Les Berlinois aiment leur zoo, l'un des plus beaux du monde, avec ses allées verdoyantes, ses pavillons luxueux, ses cafés aux intérieurs richement décorés. Ils se sentent d'autant plus concernés par le sort de ses habitants qu'ils connaissent presque toutes les bêtes par leur nom. Dans les jours qui suivent le raid, ils s'informent du sort de la girafe Rieke, du moral de l'orang-outan Buschi, de l'état de santé du gorille Pongo et des maux d'estomac de l'éléphant Siam. Ils sont particulièrement inquiets au sujet de Knautschke, le mignon bébé hippopotame tiré de son pavillon en flammes par un jeune membre des SS qui participait à la défense de la ville.

À Berlin, la population, qui manque de tout, va veiller à ce que Knautschke puisse bénéficier de nourriture tous les jours. L'hippopotame parviendra à surmonter les privations et émergera sain et sauf de la guerre. Par la suite, il assistera à l'érection du mur et subira, comme ses contemporains, quarante ans de guerre froide. Il va engendrer de nombreux descendants (trente-cinq). Un an avant la réunification, en

1988, à la suite d'une bataille violente avec l'un des membres de sa progéniture, il succombera à ses blessures. Violence tribale ? Résurgence de l'acte suicidaire comme marqueur identitaire ? Séquelle de la guerre ? La mort de Knautschke ressemble à un avertissement.

Un bronze en son honneur occupe aujourd'hui un espace en retrait dans le zoo, près de la cage des vautours – bien vivants ceux-là. Un avant-midi d'automne, exactement quarante-six ans après le massacre des animaux, je me plante devant la statue de l'animal rescapé du cataclysme provoqué par Coulombe et son armée. Un touriste accepte de me prendre en photo.

Berlin est paisible à présent. Les animaux ont regagné leurs enclos. Il n'existe plus aucune trace des armes défensives de la Luftwaffe dans le zoo glacial. Le bon sens semble revenu. Grâce au devoir de mémoire instauré par des écrivains comme W. G. Sebald, l'Allemagne continue d'affronter son passé nazi. Ce mouvement n'a pas épargné le zoo, dont la direction a fini par admettre, au début du présent millénaire, avoir exclu les juifs de son conseil d'administration en 1939 et leur avoir interdit l'entrée du zoo sous le règne du parti national-socialiste.

L'obligation de se souvenir impose des devoirs. Plutôt que de procéder au déboulonnement du buste de Lutz Heck, la direction du vieil établissement pédagogique berlinois a choisi d'y ajouter une plaque explicative où, pour la première fois, le passé du personnage et sa position dans la hiérarchie nazie sont révélés au grand jour. Une contextualisation dont les effets sont cependant limités du fait qu'elle est énoncée uniquement en allemand.

SEXE, MUSIQUE ET BOMBES

Un émotif privé d'amour peut se révéler aussi dangereux qu'une bête sauvage.

Un soir, à Linton-on-Ouse, le Kid s'assoit au piano qui se trouve juste à l'entrée du mess. Tête nue et cigarette au bec, il plaque les premiers accords du Concerto de Varsovie sur le clavier. La mélodie triste, ample et tourmentée appartient au style romantique. Sous l'éclairage doré, Coulombe paraît complètement absorbé.

« Il jouait son morceau avec tant de passion que nous n'avons eu d'autre choix que d'arrêter nos conversations et de l'écouter », a rapporté le pilote D. A. Berry aux auteurs de *Reap the Whirlwind*, en 1991.

Le Concerto de Varsovie est signé Richard Addinsell, qui l'a composé en 1940 pour servir de trame musicale au film *Dangerous Moonlight*. Destiné à stimuler l'effort de guerre, le long métrage raconte l'histoire d'amour (impossible) entre une journaliste new-yorkaise et un pianiste polonais qui est aussi pilote de chasse. L'action se déroule durant la bataille d'Angleterre, un moment charnière de la guerre puisque la Royal Air Force y a enregistré sa première grande victoire contre la Luftwaffe.

Du film, Coulombe a retenu quelques images : le ciel strié de plumeaux de fumée ; Varsovie sous les décombres ; le tac-tac-tac des mitrailleuses ; la figure christique du héros. Mais ce qui le branche surtout, c'est la musique. Ces grandes envolées qu'il essaie de reproduire sur le piano du mess.

Le Kid possédait l'âme mélancolique des nordiques, et cela transpirait dans son jeu. Comme le patriote polonais du film, il carburait à la passion. À ce bagage romantique s'ajoutait son amour de la culture classique. Le nom de Chopin voulait dire beaucoup pour lui, mais aussi celui de Paderewski. Pianiste et compositeur, Ignacy Paderewski n'était-il pas le chef du gouvernement polonais en exil ? Coulombe le vénérait. Le destin tragique des peuples bannis de leur foyer émeut lorsqu'il est représenté par des compositeurs de génie.

Dans le film, le musicien ne se contente pas de pratiquer son art : il prend les armes pour venger les siens (la Pologne a été envahie par l'Allemagne en 1939). Durant la bataille, il perd la maîtrise de son Spitfire. Plutôt que de se mettre à couvert, il se précipite, désarmé, sur le Stuka allemand, qui l'abat instantanément. Le mot « fin » apparaît à l'écran. Mourir pour son pays et pour la gloire : tel est le comportement qu'on attend des aviateurs alliés à partir de 1940.

À des milliers de kilomètres de Linton et de son mess enfumé, le musicien André Mathieu s'entiche lui aussi du Concerto de Varsovie. Subjugué par le thème de Richard Addinsell, le jeune prodige montréalais s'en inspire pour composer, à treize ans, son fameux Concerto de Québec. Surnommé « le Mozart canadien », Mathieu va bientôt sombrer dans la tristesse et la mélancolie. Écrasé par son propre mythe, incapable de répondre aux attentes de son entourage, il s'éteindra à trente-neuf ans dans des circonstances mystérieuses, fauché avant de naître.

Contrairement à André Mathieu, le Kid n'a jamais laissé personne décider de son destin à sa place. Pas même l'Air Force, pas même les prêtres qui ont pourtant essayé de le dresser. Et tandis qu'il termine ses choux de Bruxelles (un plat omniprésent sur les bases anglaises), il rit de ce surnom dont les nouveaux l'ont affublé à Linton : « le Fils du diable ». Il devrait peut-être s'en inquiéter. L'enfer n'a jamais eu bonne presse là d'où il vient. À présent qu'il dirige une messe noire dans son avion toutes les semaines, il accepte de s'identifier aux hérétiques qui ont conclu des pactes obscurs pour obtenir puissance et richesse. N'est-il pas l'homme des compromis dangereux ? Tant qu'il sera capable de tirer son épingle du jeu, il ne démentira pas la rumeur. Oui, il est de connivence avec Lucifer.

Il fait partie des personnes qui n'oublient jamais un affront. Lorsque son mitrailleur de queue a perdu la montre qu'il lui avait prêtée au début de leur mission, son sang n'a fait qu'un tour. Il aurait voulu casser la gueule de ce gars-là. Il en a glissé un mot à un ami. Sa montre ! Le bijou valait une fortune : quarante-cinq dollars (environ huit cents dollars d'aujourd'hui). A-t-on idée ? Perdre un truc pareil ? Franchement, il était trop bon. Il aurait dû tuer l'animal qui lui avait fait un coup pareil.

Un émotif privé d'amour peut se révéler aussi dangereux qu'une bête sauvage. À l'instar de Jean Valjean dans *Les Misérables*, le Kid était peut-être un gamin « sombre, chaste, ignorant et farouche ». S'il était encore puceau (ou même s'il ne l'était plus), le sujet le travaillait. Comme bien des timides, il aurait préféré se dégoter une petite amie vite fait, sans préambules ni chichis. Ses goûts le portaient vers les princesses éthérées, comme celles que représentent les peintres préraphaélites dans leurs toiles. À bien y penser, il ne détestait pas la garçonne non plus, très populaire à cette époque en Grande-Bretagne.

En Angleterre, l'engouement pour le sexe s'était manifesté inopinément, entre deux bombardements aériens, et avait mis le feu aux ombres grises de la Tamise. Un grand frisson de plaisir enfin débarrassé de la culpabilité inhérente à la culture protestante. Pas encore la libération des mœurs des années 1960, mais une fièvre pour l'amour sans arrière-pensée.

Des soldats qui marivaudent ne font pas de bons soldats. À l'infirmerie, on rapportait un nombre record d'infections transmissibles sexuellement. Comme tous les aviateurs, Coulombe a été prévenu. Si jamais il se présentait à l'examen médical avec une chaude-pisse, le commandement effacerait toutes ses missions précédentes et il serait sommé de recommencer son service à zéro. Trente missions de plus! Durant toute la durée de son service outre-mer, Coulombe a traîné un dépliant explicatif sur les infections transmissibles sexuellement. Il l'a gardé. Le Kid conservait tout.

Durant ses jours de congé, il sautait dans le train jusqu'à Londres et se précipitait au Strand Palace Hotel, situé tout près des bureaux du ministère de l'Aviation britannique dans le quartier de Westminster. Foyer Art déco rehaussé d'ornements lumineux, comptoirs en noyer, tapis d'Orient: le Strand méritait son nom de palace.

Coulombe adorait chaque minute de ses séjours là-bas. En arrivant, il s'arrêtait au *desk*, prenait ses clés, montait à sa chambre. Défaisait son sac. En extirpait son journal, des chemises propres, son rasoir. Contemplait la ville enfumée par une mince ouverture pratiquée dans la croisée. Toutes les fenêtres étaient obstruées par des feuilles de carton pour faire échec aux bombardements des Allemands.

Dans les corridors, il entendait des rumeurs étranges. Amour, espionnage, les deux? En sortant, il remettait un pourboire au portier. Dehors, il jetait un regard effaré sur les édifices éventrés, les fontaines taries et les escaliers qui ne menaient plus nulle part. La capitale anglaise ressemblait à un jouet cassé. Il pénétrait dans le métro. Se réchauffait au contact de la foule anonyme. Sortait à Oxford Street. Sur la devanture des immeubles, il y avait des affiches incitant les citoyens à épargner le sucre, la nourriture, le charbon. Rationnement. Black-out. Adossés aux murs des églises, des couples faisaient l'amour debout sans se préoccuper du reste.

Futur biographe de Picasso, John Richardson, dix-huit ans, gardera le souvenir d'une époque lascive et tendre où la répression avait en grande partie rendu les armes. Pour lui et ses amis gais, Londres était un endroit merveilleux, rappellera-t-il dans une entrevue accordée au *Guardian* quelque temps avant sa mort en 2019.

« Il y avait des *nightclubs* extraordinaires à Soho, poursuivra-t-il. Et c'était très excitant parce que plusieurs des hommes qui s'y trouvaient allaient partir le lendemain pour le Moyen-Orient ou ailleurs. Les gens étaient si gentils les uns envers les autres durant la guerre! Personne pour se montrer mesquin ou désagréable; tous se retrouvaient pour partager les frissons qu'ils pouvaient s'offrir avant de partir sous les bombes ou sur le champ de bataille. »

Durant ses permissions, Coulombe écrivait peu. Terminées, les observations inspirées sur les Anglais, sur la hiérarchie et le reste. À part les réflexions sur les menus (du poulet midi et soir en Écosse), il s'en tenait aux raids qu'il effectuait, toujours avec les mêmes, immanquablement la nuit.

Le plus étrange, c'était la normalité des choses alors que le monde vacillait. L'idée que la vie continuait malgré tout. Bien sûr, il sentait qu'il débloquait de temps en temps. Il repensait à son association avec le diable. Ces histoires de messes noires, de pratiques sataniques, de sabbats incendiés auraient répugné aux habitants de la maison plantée sur les hauteurs du fleuve Saint-Laurent. Pourtant, c'est bien ce qu'il vivait. Avec les attaques qu'il menait chez les impies, il avait fini par se transporter de l'autre côté de la frontière qui nous sépare des morts, il avait quitté la protection de Dieu. Et il ignorait s'il allait en revenir un jour.

VOTRE PROMOTION ? DANS LE CUL !

Nommé officier, il refuse la promotion, puis se ravise.

À Linton-on-Ouse, quand Roger Coulombe pénétrait dans une pièce, tout le monde cessait de parler. Les recrues surtout recherchaient son amitié. Imperturbable, le Kid ne leur accordait pas une seconde d'attention. On ne s'impose pas en agitant la queue devant le moindre éloge. En succombant à la flatterie, il aurait pu oublier l'essentiel, qui consistait à survivre. Dans ces moments-là, il se méfiait du succès. Tout ce qui était trop facile le heurtait.

Secrètement, il ne s'aimait pas. Pas très grand, doté d'un corps bien proportionné, mais un peu chétif, il maudissait le ciel pour ce physique de sauterelle. Il aurait voulu être costaud, avec des épaules larges comme un transatlantique, des biceps à faire peur. Au lieu de quoi il traînait une nature souffreteuse (en fait, il possédait une excellente santé et un corps musclé) que les *bullies* se plaisaient à moquer. Il ne pouvait piffer ceux qui s'octroyaient du pouvoir sur lui.

S'il croisait un officier, il devait le saluer, la main sur le feutre de son calot, sans oublier de l'appeler Sir. Cette obligation lui portait sur les nerfs. Heureusement, c'est le pilote qui tient le manche à balai dans un avion. Durant une mission, il n'a qu'un mot à dire pour que n'importe quel officier accepte de se jeter en bas sans discussion. Le Kid appréciait ce pouvoir. « Dieu tout-puissant, créateur du ciel et de l'enfer, à mon commandement, prends tes affaires et sors d'ici. Maintenant ! J'ai dit ! » Il lui semblait qu'il avait attendu toute sa vie pour donner un ordre comme celui-là.

Avec six missions sur la Big City, le gladiateur-vedette ne se faisait aucune illusion quant à ses chances de survie. Personne dans cette base de malheur ne songeait à l'avenir. Au moins, ses mains ne tremblaient pas. Plusieurs gars étaient secoués de spasmes et de tics nerveux. Ne pas s'autodétruire. Passé l'orgueil ou la folie, un animal comme lui reste continuellement sur le qui-vive. C'était bizarre, cette expression. Normalement, il aurait dû dire « sur le qui-meure ». Un moment d'inattention et il passerait à la trappe, comme Roland. Et alors, « ma pauvre mère aura à pleurer de nouveau », avait-il écrit de façon un peu mélodramatique dans son journal.

Il lui arrivait de connaître des moments d'extase. Les gens qui ne sont pas du sérail ne peuvent comprendre. Ils pensent que c'est toujours la peur, la tension, le danger. Ils pensent qu'un guerrier a juste le goût de fuir. Le Kid, au contraire, connaissait de vrais instants de bonheur dans le feu d'une attaque. La voix de la raison ayant déserté sa conscience, il éprouvait le sentiment d'être follement vivant au milieu du déluge incendié. Le phénomène a été décrit par les vétérans de toutes les guerres. Il s'agit d'une allégresse toute-puissante qui prend aux tripes comme une immense envie d'aimer. Ça dure quelques secondes, voire quelques minutes. La pulsion s'accorde au rythme des explosions comme lorsqu'on se défonce les oreilles avec de la musique rock aux accords déchaînés. Au cœur du massacre, il se voyait agir de l'extérieur et, paradoxalement, il se sentait libre comme personne.

Une nuit, à bord de son engin parfait, il avait aperçu « le Rhin dans le clair de lune ». Au milieu de cette agonie, il avait accueilli cette apparition comme une promesse voilée. La paix reviendrait. Les arbres repousseraient, les villes seraient reconstruites, les fleuves se purgeraient de tout ce sang. Un collègue avait tenu à le détromper : les guerres ne finissent jamais, lui avait-il dit pour chasser l'illusion. Était-ce un restant de la culture débonnaire de Berthier-en-Bas ? Coulombe était persuadé, au contraire, que les Alliés allaient finir par sortir victorieux de ce Pandémonium.

Durant cet hiver très dur, il avait appris que le roi George VI avait l'intention (c'est ainsi qu'on présentait la chose) de lui accorder le grade d'officier avec le rang de sous-lieutenant d'aviation.

Six mois plus tôt, Coulombe avait affirmé à sa sœur Pierrette qu'il s'attendait à « finir sergent ». Du coup, l'offre de ses patrons l'avait déstabilisé. Et bien qu'il désirât grimper plus que tout, il se sentait incapable de résister à ce que les Anglo-Saxons appellent the *self-fulfilling prophecy*. Inconsciemment, il avait décidé qu'il devait rester sergent parce qu'il avait lui-même décrété qu'il n'avait aucune chance de monter dans la hiérarchie.

Il avait sans doute de bonnes raisons de refuser l'invitation. Il pouvait invoquer la frousse que les honneurs lui inspiraient et tous ceux qui étaient morts avec un double galon sur la poitrine. Il pouvait affirmer sa répugnance à voir ses coéquipiers le saluer avec le respect dû à un supérieur. Sans compter qu'ils auraient dormi et mangé dans des quartiers à part. N'était-ce pas faire fi de la camaraderie, du tous-pour-un-camarades dans le fuselage ? Lui qui était tellement ambitieux avait opté pour le renoncement.

On l'avait convoqué à Allerton Park, le quartier général du 6e Groupe canadien, situé à moins de vingt milles de

Linton. Baptisé Castle Dismal (château lugubre) par les troupes, le palais de style Tudor était en partie éclairé aux bougies (un « bidasse » était chargé d'allumer les chandeliers à la nuit tombée). Le commandant avait installé son bureau à l'ombre de la bibliothèque. Il fallait pour l'atteindre arpenter des couloirs interminables, habités de chevaliers en armure, d'animaux empaillés, de portraits édouardiens et d'une table de billard. Des portes s'ouvraient sur des alcôves, des donjons, des salons. Silence glacé. Peuplée de stratèges et d'espions, la propriété intimidait.

Le Québécois Gilbert Boulanger (le beau-frère de « mon » monsieur Barry) avait été commissionné la même année que Coulombe. Humble comme tous les mitrailleurs, Boulanger avait accepté sa nomination au grade d'officier avec gratitude.

Se décrivant comme un hédoniste, Gil résistait étonnamment bien au stress. Il adorait les femmes et, d'une certaine façon, ce penchant pour l'amour allait lui permettre de passer à travers la guerre.

Une telle légèreté était impensable de la part de Coulombe, qui était incapable d'accepter l'amour d'autrui, surtout de la part de ceux pour lesquels il avait de la considération. Plutôt crever. L'avancement offert, il l'avait reçu comme une gifle. Conséquemment, sa réponse avait sonné comme une invitation au duel :

« Votre promotion, *sir, you can stick it to your arse.* » (« Votre promotion, monsieur, vous pouvez vous la fourrer dans le cul. »)

Pilote chez les Goose, l'escadrille sœur des Thunderbirds, Douglas Harvey a rapporté le coup de gueule du Kid dans ses mémoires publiés à Toronto en 1981. Harvey appuyait la réaction de Coulombe : « Notre rejet du statut d'officier n'était pas une guerre contre la hiérarchie de l'ARC, expliquait-il. Nous comprenions la nécessité d'avoir une organisation structurée. Ce qu'on n'arrivait pas à saisir, c'était les divisions artificielles dans les équipages basées sur le rang et le statut social alors que nos vies étaient totalement interreliées. »

À l'époque, un officier pilote gagnait trois dollars soixante-dix par jour, contre deux dollars vingt-cinq pour un sergent. Pour Coulombe, la différence aurait été appréciable. Pourtant, il résistait. Cette attitude n'était pas dénuée de tensions : une part de lui haïssait les privilèges, une autre les désirait âprement.

À Allerton Park, les grands boss n'avaient pas pris la peine de s'offusquer. Le jeune voulait rester sergent, on pouvait vivre avec ça. À cette étape de leur mission, les *skippahs* qui étaient toujours en vie étaient précieux comme des danseuses d'opéra. Surtout ceux qui offraient une certaine garantie de permanence. Il fallait les ménager. Cependant, les promotions, les médailles recelaient énormément d'attrait. Quoiqu'il advienne, les *skippahs* finissaient toujours par les accepter.

Avec sa fiche de vingt attaques réussies sur l'Allemagne, Coulombe valait son pesant d'or. Pilote aux réflexes surprenants, extrêmement opiniâtre et courageux, il alignait les succès. Obsessif comme tous les doués, il était également loyal. En phase avec l'esprit militaire, il adorait son métier. Il aurait hurlé si on l'avait empêché de boucler sa mission. À force d'entraînement, de terreur et de privations, il était devenu un des petits chefs les plus redoutables de la station.

Convaincus de l'avoir à l'usure, les galonnés étaient revenus à la charge un mois plus tard en lui décernant la très convoitée Croix du service distingué dans l'Aviation. Motif ? Ses actes répétés de bravoure réalisés le 2 décembre précédent à l'occasion d'un raid sur Berlin, d'où il était revenu avec un avion percé comme une écumoire, un moteur et un pneu en moins. Cette fois, le Kid n'avait pas eu le courage de refuser.

En prime, on lui avait décerné la récompense sur-le-champ, « ce qui ajoute à mon mérite », avait-il énoncé avec son éternelle tendance à se mettre en valeur dans son journal (ce qu'il faisait sans plastronner et sans les émotions putrides généralement attachées à ce genre de comportement). Dans *L'Alouette affolée*, son compatriote Gilbert Boulanger confirme l'importance de la décoration accordée sur-le-champ, « un fait d'armes très rare pour un militaire », stipule-t-il. Le soir-même, le Kid avait cousu un galon supplémentaire à la manche de son veston. Il était devenu officier. Qu'est-ce que sa sœur Pierrette dirait de ça ? Elle serait étonnée sans doute, mais jamais autant que lui.

Accolades. Félicitations. Changement de statut. Changement de caserne. On lui avait remis un coupon. Muni de cette autorisation, le médaillé s'est rendu à Londres, dans un des hauts lieux de l'élégance britannique, pour se faire confectionner un uniforme sur mesure. Atmosphère capiteuse. Les employés l'ont d'abord regardé avec hauteur, mais, avisant ses récents exploits, l'ont rapidement traité comme un lord. Les figurines en cire qui papillonnaient autour de lui l'impressionnaient grandement. Répondant à leurs directives, il serrait entre ses doigts les boutons de cuivre, nouait le ceinturon pour un dernier essayage. Le pantalon tombait pile-poil sur les bottes, la chemise sur mesure présentait un col qui lui brûlait confortablement la nuque, et, au moment où il tirait une dernière fois sur les pans de sa veste, un bonheur indicible l'a submergé. En avait-il parcouru, du chemin, depuis qu'il avait quitté la tiédeur du nid familial !

Avec le même coupon en poche, il s'est rendu chez Harrods, dans Brompton Road, pour se faire tirer le portrait. Un restant de timidité juvénile l'empêchait de se montrer tout à fait à l'aise devant une caméra. Ajustant sa casquette sur sa tête, il a essayé de penser à la fête que ses collègues lui préparaient chez Betty's, à York. Il n'a réussi qu'à avoir l'air plus coincé.

Le photographe n'avait pas le temps d'attendre que le skipper se détende. Il avait des dizaines de gars comme lui sur sa liste. Il a appuyé sur le déclencheur. Coulombe s'est levé, l'a remercié et s'est dirigé vers la gare. Le tortillard pour York partait dans trente minutes. Une bière bien tiède l'attendait chez Betty's.

CHEZ BETTY'S

Dans le bar, il y a un miroir avec cinq cents signatures, mais le temps les a effacées à moitié.

Le Kid n'avait que très rarement mis les pieds au Betty's avant cette soirée mémorable où les copains l'ont convoqué pour célébrer l'obtention de sa décoration militaire.

À son entrée dans le bar, tous se lèvent pour l'applaudir. « Sentiment de camaraderie sans pareil », analysera-t-il au tournant des années 1990 pour Larry Motiuk et son livre Thunderbirds at War. « Chaque membre de mon équipage était assailli de questions. Mes mitrailleurs surtout. Ils le méritaient. C'était sans doute les meilleurs gunners de la 426ᵉ escadrille. Je n'avais jamais été aussi fier de ma vie et je ne l'ai jamais été autant depuis. »

Dans la ville de York, au 6 St Helen's Square, le Betty's est le lieu où les aviateurs s'arrêtent pour reprendre courage entre deux missions. Ancien salon de thé converti en pub, le tripot est aussi un centre d'opérations parallèle. Juchés sur des tabourets, des officiers alignent leurs prédictions tandis que des Américains échappés momentanément de leurs B-17 rapportent leurs dernières observations sur le terrain. On y sert du *corned beef* chaud, des croquettes de poisson et des beignets de Spam, sans doute pour remplacer le traditionnel fish and chips introuvable en temps de guerre.

Le Betty's existe toujours. Il a retrouvé son cachet bon chic bon genre d'avant-guerre. On a remisé les plats immangeables ainsi que l'atmosphère blouson de cuir et le style boit-sans-soif qui faisaient sa réputation quand Roger et ses chums venaient y célébrer gloire et misère.

Au sous-sol de l'établissement, on trouve un fragment de la glace murale qui, à l'époque, dominait le bar sur toute sa longueur. Durant la guerre, près de cinq cents aviateurs du Commonwealth ont gravé leur nom sur la surface du miroir. Selon la légende, ils se sont servis du diamant de la barmaid pour signer.

À York, sur les traces de cet art pariétal, où la plupart des inscriptions sont de toute façon illisibles, j'ai beau chercher, je ne parviens pas à repérer le nom de Roger Coulombe.

En l'absence d'éléments significatifs sur le plan documentaire, je m'imagine en train de siroter un verre, devant le miroir, après la fermeture du Betty's. Il est tard. Le carillon résonne dans le clocher de la petite église d'à côté. Au premier courant d'air, les aviateurs d'hier s'avancent vers moi, puis bifurquent vers le fond de la salle, comme dans un film ou dans un rêve.

Casqués, vêtus de leur combinaison de vol, ils ont toujours vingt ans. Leurs regards sont ensommeillés. Peut-être comptent-ils les heures les séparant du départ.

Une serveuse circule parmi eux avec un plateau couvert de bouteilles de bière. Roger Coulombe lui adresse un signe, la mâchoire redessinée par une barbe naissante qui lui fait un voile de suie, comme chaque fois qu'il revient d'une mission. Je lui trouve une ressemblance avec Jack Kerouac ; ce n'est pas la première fois que je le remarque. Moins costaud que l'écrivain de Lowell, Coulombe possède toutefois son beau profil, ses cheveux d'ébène, son intelligence fauve. Il ressemble aussi à Charlie Chaplin.

Dans les arcanes du Betty's plane également le souvenir du pilote Delval Simond, de son vrai nom Joseph Marie O'Bomsawin. Membre de la Première Nation des Abénakis d'Odanak, O'Bomsawin a mené cinquante-deux missions aux commandes des avions Tiger Moth et Lancaster pour les Alouettes durant la guerre. « En raison de son héritage autochtone, Delval était en butte à une forte dose de racisme dans l'armée de l'air canadienne. Pour cette raison, il avait changé son nom pour adopter celui de Delval Simond », explique sa femme Oneida dans une publication privée.

À York, dans le sous-sol du Betty's, je convoque également les beaux-frères Gilbert Boulanger et Raymond Barry. Monsieur Barry, le lecteur s'en souvient, est le héros méconnu qui m'a hébergée avec sa famille à Québec. À ses côtés, Gilbert, qu'on appelait Gil, a marié une Anglaise durant la guerre. Ils ont eu deux enfants. Encore secoué par les événements, Raymond dodeline de la tête en fredonnant une sonate de Beethoven ou en revoyant, sans le vouloir, certains segments de sa grande marche depuis les frontières de la Pologne jusqu'à Berlin, à la fin du conflit de 1939-1945. Une des séquelles d'un trauma, c'est le désenchantement. Jusqu'à ce qu'il s'adonne à l'ornithologie, beaucoup plus tard, Raymond

Barry éprouvera de la difficulté à s'émerveiller. Puis un jour, dans sa lunette, il apercevra un colibri. Il sera ébloui par le rubis sur le ventre de l'oiseau !

Ces seigneurs de la guerre, spécialistes du vol de nuit, je les imagine se déplacer dans l'espace jouxtant le miroir du Betty's. Comme dans une féerie silencieuse, ils font les mêmes gestes en boucle. Montent inlassablement dans leur carlingue étroite, se coiffent de leur casque de cuir, ajustent leur masque à oxygène, leur combinaison traversée de fils électriques. Vérifient les cadrans. Posent la main sur le starter, le Gee Box, la lampe, les mitrailleuses, les bombes. Par la fenêtre, ils repèrent le plumeau de fumée blanche au-dessus du beffroi. Chacun des pilotes serre le poing autour d'une manette des gaz imaginaire. Le reflet d'une lune spectrale enveloppe leurs silhouettes voutées, et une sirène se fait entendre. Le carillon résonne de nouveau. Les fantômes du Betty's regardent leur montre. Quelle heure est-il ?

Sur la tour en pierre de l'église, les aiguilles s'immobilisent. On est au XXIe siècle, les boys. « La Deuxième Guerre mondiale fut si brutale et si désespérée. Prions pour que jamais telle calamité ne revienne », écrit Oneida Simond dans l'hommage qu'elle a préparé pour son mari Delval en 2006. La femme du pilote d'origine abénaquise a consacré plusieurs années de sa longue vie à aider les vétérans canadiens de toutes les guerres. Avant de mourir en 2016, elle offrait du soutien aux jeunes qui revenaient d'Afghanistan. Elle savait la tristesse qui pouvait s'emparer d'un homme au retour du combat. Avec une patience infinie, cette femme, qui avait vécu dans l'extrême pauvreté durant sa jeunesse, s'est efforcée de soulager ceux qui ressemblaient à Delval et qu'elle appelait « mes petits gars ».

LA NUIT DE TOUS LES DANGERS

En plein brouillard, les pilotes ont appelé la tour de contrôle les uns après les autres. « Et soudain, plus rien. Tous étaient morts. »

Au-dessus de Linton, un horizon bouché attendait le Kid. Il n'avait jamais vu ça. Un brouillard à couper au couteau sans la moindre trouée pour plonger. Au milieu de cette mélasse, il se tourne vers Tremblay. « Fais quelque chose. » Le navigateur révise ses calculs. Boussole. Cartes. Rien ne fonctionne. Affolés, les mitrailleurs réclament une évacuation immédiate. À leur avis, il vaut mieux abandonner le Lanc' à son sort et s'éclipser au plus vite avec leurs parachutes. Coulombe refuse. On est le 16 décembre 1943. « J'ai décidé de tenter ma chance et d'atterrir à l'aveugle. »

Dans un courriel à l'Anglais Richard Knott quarante ans plus tard, Coulombe revisitera les grands enjeux de cette nuit-là. Quelques heures plus tôt, la défense allemande lui a escamoté un moteur et un train d'atterrissage. La porte du Lancaster DS711 OW-B a également été arrachée. Il lui reste un peu plus de quarante gallons d'essence. C'est peu. Il balaie d'un coup d'œil ses cadrans. Il évalue l'altitude de son avion à mille pieds. Dans ces conditions, il peut gérer la situation.

Justement, il aperçoit une ouverture sous une chape de nuages. Il s'élance pour constater qu'il rase le sol à cinquante pieds et que le château d'eau de la base se dresse en plein devant sa face. Il redresse l'appareil en quatrième vitesse et jette un regard furieux à Tremblay. Celui-ci ne lui laisse pas le temps de l'abreuver d'injures : les altimètres ne répondent plus.

Après avoir avisé la tour, le Kid tente d'atterrir pour la deuxième fois. Afin d'accélérer sa descente, il effectue une glissade sur la gauche avec le bombardier («*I manage to side-slip my Lancaster*», expliquera-t-il à Knott). La manœuvre provoque un état d'apesanteur dans l'avion, de sorte que l'équipage se retrouve «comme dans un ascenseur en chute libre», confiera-t-il à l'historien amateur. Sept cent cinquante pieds plus bas et neuf minutes plus tard, la gravité ayant repris ses droits, l'avion heurte le sol «comme une roche». À mi-chemin sur la piste, le Kid appuie sur les freins de toutes ses forces, sinon il va défoncer le paysage. L'appareil stoppe à un mètre des hangars.

Minuit moins quatre.

Soixante-dix ans après le fait, Coulombe pouvait préciser l'heure exacte à laquelle son bombardier s'était immobilisé. Temps immobile. L'horloge n'est peut-être qu'un cadran de plus dans la vie du pilote, mais il lui appartient en propre. Ce «minuit moins quatre», c'est le temps de l'honneur, le temps de la gloire. Talisman ou symbole, ce temps arrêté est sa création, comme une musique ou une fresque dans la vie d'un artiste. Minuit moins quatre. Grâce à lui, personne dans son entourage immédiat n'est mort cette nuit-là. Un non-événement. Une absence de tragédie. Durant une guerre, il n'y a rien de plus précieux.

Les moteurs éteints, il se dirige vers le poste de contrôle. Cette histoire d'altimètre le turlupine. Il grimpe au sommet de la tour carrée, une construction massive, sans grâce. À l'intérieur, l'atmosphère est funèbre. Il se verse un peu de thé dans un gobelet. Et ce maudit brouillard qui ne donne aucun signe de vouloir faiblir…

Comme il s'approche des consoles, il remarque les signaux d'alerte. Partout sur les écrans radars, des bombardiers à la cocarde rouge bleu blanc jaune disparaissent derrière les nuages. Dans l'océan du ciel nocturne, LEURS avions s'écrasent par dizaines.

Quelques secondes avant les crashs, il entend les voix de ceux qui sont à bord, dont certaines lui sont familières. « *Do you hear me?* » « M'entendez-vous ? *Central! Répondez! Copy!* » À ces échanges radio, il n'y a pas de suite. Seulement un bruit sourd. Le bruit d'un avion qui s'abîme dans la terre humide.

Durant cette nuit du 16 décembre 1943, Coulombe revoit des visages. La tête d'un camarade qu'il a salué quelques heures auparavant sur le tarmac. « *See you in the morning* » : leurs dernières paroles. Et voilà qu'ils disparaissent derrière la colline à quelques kilomètres de la base ! Victimes du brouillard. Victimes du mauvais sort.

Un peu partout dans la campagne anglaise, des gars comme lui brûlent dans la fumée âcre des épaves de leurs avions en flammes. Happés par une force presque surnaturelle. Entraînés vers une mort certaine. En tout, soixante quadrimoteurs appartenant au Bomber Command, des Lancaster pour la plupart, se sont désintégrés en heurtant le sol dans le petit comté du Yorkshire.

Parmi les trois cents aviateurs qui ont perdu leur chemin dans le brouillard, il n'y a eu aucun survivant. Des Canadiens, des Anglais, des Écossais. Happés, asphyxiés, annihilés.

Dans son carnet vert, Coulombe relatera leur disparition avec cette unique phrase : « Je les entendais appeler le central par radio et soudain, plus rien, ils avaient frappé quelque chose (arbre, colline ou montagne) et tous étaient morts. »

Parmi les victimes, il y a le capitaine Thomas Kneale, un chic type qui l'avait dirigé lors de ses premiers raids l'été précédent, au-dessus de l'Allemagne. À vingt-neuf ans, Kneale était considéré comme un vieux. Membre du 426 comme Coulombe, l'Ontarien était fiancé à une Anglaise. Il y avait des photos d'eux, un peu floues, prises dans un jardin. La jeune fille avait le teint pâle et les cheveux ondulés. Elle riait. Tom aussi riait. Coulombe a reconnu sa voix parmi celles des naufragés qui appelaient la tour. Kneale s'est écrasé avec son avion à Yearsley cette nuit-là. Des années plus tard, Roger Coulombe ira se recueillir sur sa tombe au cimetière d'Harrogate, à Stonefall, dans le Yorkshire. Une petite stèle blanche. Humble et discrète. Comme celle de Roland.

Sur le moment, il s'efforce de ne pas trop penser au sort de ses amis enfouis au milieu des décombres, à quelques kilomètres de son baraquement. Dans son journal, il évite de mentionner leurs lits muets, les chaises vides au déjeuner. Pas un mot non plus sur ce que cette tragédie lui fait revivre. Le corps de Roland, l'impossibilité de le toucher, de lui parler.

Soixante ans plus tard, quand l'auteur britannique Richard Knott lui a posé des questions sur la tragédie méconnue du 16 décembre, Coulombe s'est empressé de lui répondre. Âgé de quatre-vingt-trois ans, le Kid venait tout juste d'être opéré pour des cataractes. Au moment où il recouvrait la vue, tout lui est revenu de cette nuit fatidique qu'il s'était efforcé d'oublier. Son moteur en moins, le brouillard, les appels désespérés de ses camarades dans la tour de contrôle.

Il s'est mis en devoir de raconter à Richard Knott ce qui s'était passé. Avec une sorte de frénésie, il s'est appliqué à lui fournir un maximum de détails. Dans ses courriels, de manière très précise, il a décrit les changements de pression, les appareils non pressurisés, le froid dans la carlingue, l'approche en cercle au-dessus de la piste, la première descente, la deuxième tentative d'atterrissage, la glissade en side-slip. Plusieurs images refaisaient surface.

À ce stade de la guerre de Berlin, le Bomber Command obligeait les pilotes et leurs équipages à s'aventurer encore plus profondément dans le territoire allemand, mais sans augmenter leur ration d'essence, pour laisser le maximum d'espace aux explosifs. C'est comme si le Boucher avait ajouté un lion dans leur *cockpit*. Le soir du 16 décembre, Coulombe était parti avec une bombe de 8 000 livres et quatre boîtes de fusées incendiaires. Il se souvenait tout à coup que celles-ci étaient restées coincées dans le mécanisme de décharge de son avion. Une fois à Linton, inconscient de la menace, il avait atterri avec cette poudrière dans le ventre. Si bien qu'à tous les dangers de cette nuit-là s'était ajoutée, pour Coulombe, la possibilité que son appareil explose en touchant la piste. Heureusement, cela ne s'était pas produit.

Knott était ravi de la disponibilité de Coulombe, qui, de son côté, tâchait de ne pas le décevoir. Il y avait cependant des frontières qu'il ne franchirait pas, des silences qu'il ne briserait pas. La mort de son frère. Celle de Mercier. Les relations parfois houleuses avec les membres de son équipage. Knott n'avait pas à tout savoir. Malgré la complicité qui s'était installée entre les deux hommes au gré de leurs échanges épistolaires, jamais Coulombe n'a évoqué la disparition de Roland durant cette même année tragique de 1943. Rien, il n'a rien dit, pas même un mot sur l'endroit où l'enfant guerrier repose, dans les faubourgs de Hanovre.

Il s'est repris indirectement lorsqu'il a déploré l'absence de rituels entourant la disparition de ses camarades après la catastrophe du 16 décembre. L'impossibilité de voir leurs corps, de se recueillir sur leurs dépouilles, de leur ménager une sépulture… Voilà ce qu'il a osé avouer à Knott.

« D'entendre qu'il y avait tous ces corps de victimes juste à quelques milles de notre base. De penser que ces gars qui avaient péri dans les crashs étaient avec nous quelques heures plus tôt. Tout ça m'était impossible à accepter. En plus, il y avait cette rumeur à propos de cercueils qui avaient été déménagés en vitesse des hangars où on les avait entreposés pour quelques heures jusqu'à Harrogate pour être enterrés au Stonefall Cemetery. »

Priver ses hommes de rituels funéraires. Déménager leurs corps à la sauvette. Creuser des fosses en vitesse. Le Bomber Command avait transgressé les lois sacrées. Et comme un sacrilège n'arrive jamais seul, l'organisation avait sali la mémoire de ceux qu'elle avait la mission de protéger. Que penser de l'entourloupette bureaucratique consistant à attribuer aux pilotes décédés cette nuit-là la responsabilité du fiasco sous l'acronyme E of J (*error of judgement*, ou erreur de jugement) ? Plus de trois cents morts dans un brouillard à couper au couteau que les bulletins météo avaient annoncé. Une mission à l'issue prévisible qui aurait pu être annulée pour cause de mauvais temps. Et personne pour reconnaître ces erreurs ? Comme un voyou, Arthur Harris avait couvert ses traces. Le Boucher attribuait aux pilotes ses propres erreurs de jugement. Pour ça, comme pour le reste, on ne lui pardonnerait pas.

LE MYTHE D'ICARE

Pour vendre la guerre aux Québécois, le bureau de propagande du ministère de la Défense concocte une dramatique radiophonique à partir d'un raid du Kid.

Les correspondants de guerre l'aimaient. Sous un prétexte ou sous un autre, ils se précipitaient sur ses talons, lui arrachaient quelques déclarations et le citaient ensuite dans leurs articles. Une publication du ministère canadien de la Défense, intitulée Wings Abroad, l'avait même qualifié de Nouvel Icare (New Icarus) en 1944.

Archétype puissant, le pilote de guerre actualisait le mythe de l'homme à la conquête du ciel. Le Nouvel Icare, celui qui voulait atteindre le soleil avec ses ailes, était devenu l'icône culturelle du moment, le Brad Pitt des démocraties endeuillées. Au ministère de la Défense du Canada, on cherchait justement un Québécois qui pourrait vendre la guerre au peuple. Depuis le plébiscite de 1942, le pays était divisé. À la veille de voter la loi sur la conscription, le premier ministre avait mis ses fonctionnaires sur la touche. Les sbires du bureau de propagande devaient concocter sans plus tarder la dramatique radiophonique d'un raid mettant en vedette un pilote de l'armée de l'air. Pas un acteur. Un véritable as de l'aviation. Qui ? Et là, parmi les gratte-papier, il s'en est trouvé un pour répliquer : Roger Coulombe. L'officier pilote venait de se mériter une DFC. En plus, ce môme ressemblait à Maurice Richard. Le Rocket ? Oui.

Le texte a été pondu en deux coups de cuillère à pot dans les bureaux de la Défense, au bord de l'Outaouais. À Montréal, la Société Radio-Canada s'est chargée de dénicher des acteurs pour interpréter le texte. Il y aurait de la musique originale. Madame Lucille Dumont acceptait de chanter.

Diffusée le 10 janvier 1944, « Frères d'armes » sentait un peu trop la commande. Le littéraire au service de la propagande qui avait pondu ce truc-là n'avait manifestement qu'une faible idée de la façon dont se déroulait une opération à bord d'un bombardier… À moins que son ignorance ne touche surtout la nature du public québécois…

Sa dramatique débutait avec ces paroles attribuées au commandant de la mission :

— Une cible alléchante, ce soir, les gars : Berlin ! Si vous me faites du bon travail, je donnerai une bouteille de whisky à l'équipage qui me rapportera la meilleure photo des dommages causés !

— Eh ben, on y va, répliquait celui qui jouait Roger Coulombe.

Une bouteille de whisky contre quatre cent quatre-vingts minutes d'agonie au-dessus du volcan ! Avec une intrigue aussi faible, on comprend pourquoi le message « alléchant » a fait chou blanc auprès de l'auditoire.

Quelques jours avant la mise en ondes de « Frères d'armes », un employé de la commission de l'information avait envoyé à la mère du Kid le texte dont on allait se servir pour « dramatiser le fait héroïque de votre fils ».

Lorenza Coulombe pleurait encore la mort de son fils Roland, disparu au cours d'un raid au-dessus de Hambourg. Elle accordait peu d'importance à ces histoires de publicité de la part d'un gouvernement dont elle n'avait pratiquement jamais entendu parler. Un an s'était écoulé depuis que son petit garçon s'était pris les pieds dans ses chimères. Un rideau était tombé. Avec son mari, elle n'en parlait pas. Avec Dieu, par contre, elle en discutait âprement. « Roland, mon petit. Pourquoi, Seigneur ? » La prière l'avait aidée. Tous les matins, à l'église, elle allumait un cierge en pensant au Blondinet, à ses yeux doux couleur de blé mûr. Roger régnait aussi dans son cœur, mais aucun de ses enfants n'avait la grâce et la perfection du huitième fils.

À la même époque, un journal avait par erreur joint une photo de Roland à un article sur le Kid. Cette maladresse avait broyé le cœur de Lorenza qui en avait voulu à Roger de cela, alors qu'il n'y était pour rien. Ce n'était pas de sa faute, elle en convenait, mais Roger tuait des gens et il en tirait de la fierté. Voilà une chose qu'elle ne comprendrait jamais.

Dans « Frères d'armes », le narrateur décrivait avec emphase le « retour triomphal » du Kid à la base. Il insistait pour rappeler qu'à la barre du bombardier se trouvait « un petit Canadien français de cinq pieds trois pouces, Roger Coulombe ».

Cinq pieds trois ! En réalité, comme il était écrit dans son dossier, le Kid mesurait cinq pieds sept pouces. Déjà qu'il n'appréciait pas sa taille, voilà que, par la voie des ondes, on l'amputait de quatre pouces…

Lorenza tenait à ce que Roger n'oublie pas son frère. Très vite, elle lui avait fait parvenir la photo de régiment où Roland regardait l'objectif avec ses yeux d'ange insouciant et pur. Même à un océan de distance, le Kid évitait de contredire sa mère. Et même si l'image du frère sacrifié lui foutait le cafard, il l'avait suspendue au-dessus de son lit à Linton.

Au début, quand le corps de Roland s'était évanoui au-dessus de l'Allemagne, il avait éprouvé le besoin d'en parler. Roland. Le préféré. Le plus beau des garçons. La star de la famille. Le Kid ne ménageait pas ses compliments. Alors, comment expliquer que tout ce qu'il lui avait reproché du temps de leur jeunesse remontât en cascade ? Son manque de résolution, sa façon de vouloir plaire à tout le monde, son air de ne pas y toucher qui trompait même leur mère, qui avait pourtant l'œil… « Arrête de siroter, Rosario », tonnait-il. Rosario était le véritable prénom de Roland, et Roger l'utilisait quand il voulait l'étriver. Mais c'était des chicanes pour rire. Les deux frères vivaient dans une telle symbiose que leur père, craignant de perdre son autorité (ou ce qui en restait), avait suggéré qu'ils soient pensionnaires dans deux établissements séparés. À partir de ce moment, Roger s'était rapproché d'Armand, le septième fils. Armand, l'intellectuel, le prêtre enseignant, le lettré.

De temps en temps, son cerveau crachait des souvenirs heureux. La maison familiale. Berthier-en-Bas. L'été, quand l'orage éclatait et que Lorenza les rameutait autour d'elle comme un pastoureau ses brebis. Roland et Roger, les inséparables. Certains après-midis, ils empruntaient une verchère pour se rendre jusque sur l'île au Ruau, qui faisait partie de l'archipel de l'Isle-aux-Grues. Occupée par un ermite qui ne quittait jamais sa tanière, leur île aux trésors accueillait des voiliers d'oies sauvages à l'automne. Avant de la rejoindre, ils s'armaient de lance-pierres. C'est au cours d'une de ces excursions qu'ils avaient décidé de s'engager. Deux frères dans l'aviation, ça confinait au mythe. Ils seraient les frères Wright du Canada français.

Au fil du temps, Roger avait compris qu'il ne servait à rien de se torturer avec ces histoires. Sur le moment, il éprouvait de la satisfaction à s'épancher, mais le lendemain, il se réveillait avec l'impression d'avoir trahi son frère. Roland était pour toujours un martyr et un saint. Et lui, Roger, avait survécu par la peau des dents. La preuve qu'il était vraiment et pour toujours du côté du diable.

Après la guerre, Lorenza l'avait traîné devant l'autel où elle allumait chaque jour un cierge pour le huitième fils. Elle voulait savoir si son petit était bien enterré, s'il y avait des fleurs sur sa tombe, si des gens dans ce pays-là s'occupaient de lui. Roger avait promis de lui fournir une réponse. Il a contacté un ami qui habitait New York et lui a demandé de lui procurer une photo de la sépulture de Roland. L'ami avait grandi aux Pays-Bas. Au nom du Kid, il a chargé son père de faire le voyage jusqu'à la tombe de Roland. Armé d'une caméra, le vieil homme, qui habitait Amsterdam, s'est rendu jusqu'au cimetière britannique de Hanovre où les aviateurs du Commonwealth étaient enterrés. Il a fait quelques clichés de la croix qui coiffait la sépulture de Roland et les a fait parvenir au Kid qui, à son tour, les a présentés à sa mère. Cette pierre tombale, se désolait l'ami hollandais dans sa lettre, « fera remonter en toi de tristes souvenirs, j'en suis certain ». Il a ajouté : « Mon père a insisté pour que je te dise qu'il n'oubliera jamais, à l'instar de la nation néerlandaise tout entière, les énormes sacrifices que de braves garçons comme toi et ton frère ont accomplis durant la guerre. »

Après la mort de Lorenza en 1970, Roger a cessé d'accomplir ses devoirs religieux. Il n'entrait pratiquement plus dans une église. À partir de ce moment-là, le souvenir de Roland a été moins visible, la blessure ayant gagné l'os. Il y pensait quand même tous les jours, mais avec réticence, comme on porte attention à un abcès dans les gencives en grimaçant et en serrant les poings.

Je me suis rendue dans le cimetière militaire, près d'Hanovre en Allemagne, où Roland est enterré. La devise de l'Aviation royale canadienne est inscrite sur sa tombe. *Sic itur ad astra* : « Telle est la voie vers les astres. »

Mille cinq cents aviateurs du Commonwealth dorment ici. Quelques corneilles. La Croix du souvenir. Un grand cyprès. Une nécropole entièrement masculine. Un monastère souterrain.

Pour ajouter à la solitude ou pour au contraire en alléger le poids, les défunts sont regroupés avec les inconnus qui leur ont servi de frères d'armes. Les membres de leur équipage. Depuis qu'il a culbuté du ciel, Roland est couché dans le même sillon que ses compagnons du dernier raid sur Hambourg effectué par le Lancaster W4770, le 3 février 1943 et jamais revu depuis.

À ses côtés, au milieu de nulle part : Ken Loach, mitrailleur ; Philip Read, pilote ; Arthur Thomas, mitrailleur ; Roy Edward Cooke, viseur de lance-bombes ; Cecil Jones, navigateur ; Frank McNeil, ingénieur de vol. Tous anglais. Arthur Thomas n'avait que dix-neuf ans. Sur sa tombe, une maman au cœur chaviré comme celui de Lorenza Coulombe a fait inscrire : « *We planned such a wonderful future ending in only dreams.* » (« Nous avions planifié un avenir magnifique qui ne s'est jamais matérialisé autrement que par des rêves. »)

Si on daigne leur prêter l'oreille, on constate que les morts ne se comportent pas tous de la même façon. Certains s'adressent à nous comme le pharmacien au comptoir des ordonnances. « Encore ces problèmes de dos ? Faudrait vous soigner. Sinon, ça risque de s'envenimer. » D'autres empruntent le langage du magicien (ou du Très-Haut, c'est selon). Ceux-là vous en font voir de toutes les couleurs.

Mon père possédait lui aussi ses morts, à qui il attribuait mille sortilèges. C'était compliqué comme une fable sans queue ni tête. Ses morts étaient des composites, se manifestaient sous différentes identités ou parlaient une langue étrangère (le roumain, souvent). Parmi ces disparus un peu louches, je me souviens d'un petit garçon prénommé Alain qu'il nous présentait comme le jeune frère qu'on n'avait jamais connu (version la plus courante), qui n'était jamais né (hypothèse confirmant la première) ou qui était disparu dans des circonstances nébuleuses. Peut-être des suites de la grippe espagnole (l'anachronisme importait peu).

À ce frérot était associée une date d'anniversaire qu'on soulignait avec un Jos Louis piqué d'une mini-bougie. La fête avait lieu en hiver et en plein air. Une allumette, une seule, dans la poche du maître de cérémonie, pour allumer et la chandelle et un feu de bois en pleine forêt. Aujourd'hui, je repense à ce frère de sang que je ne connaîtrai jamais, à qui mon père me demandait d'offrir un présent à Noël et qui s'appelait Alain... Un demi-frère abandonné ? Un soldat inconnu ? Je ne l'ai jamais su.

Dans le cimetière de Hanovre, au milieu de l'oasis de paix érigée en mémoire de la guerre, je pensais à ce frère qui m'avait été transmis comme une sorte d'abstraction. Les garçons morts au combat sont des abstractions pour la plupart d'entre nous. Devant les tombes de ces enfants fauchés en pleine jeunesse, je retrouvais Alain.

TERRY

Âgée de vingt-cinq ans, Teresa Spakowski a les cheveux châtains bouclés. Elle est menue, rieuse et déterminée. Mais qui aime-t-elle ?

Tremblay l'irrite au plus haut point.

Cet inconscient va se marier dans quinze jours ! A-t-on idée ? En pleine bataille de Berlin, alors qu'ils ont moins de trois mois à tirer avant d'atteindre le *magic thirty*. Pour bien marquer son point, le Kid lui a d'abord fait la gueule. Puis, il a tenté de le dissuader. « C'est ton capitaine qui te parle, Gerry, et cette décision, tu vas la regretter. » Gérard Tremblay a fermé les yeux à demi en lui rappelant que Teresa a tout planifié. Exaspéré, Coulombe lui a décoché son fameux regard meurtrier. En temps normal, ce geste d'intimidation aurait suffi.

Pas cette fois.

À court d'arguments, Roger Coulombe s'est tourné vers ses mitrailleurs. « Dites quelque chose, vous autres ! Ce mariage va nous diviser, non ? » Plutôt que d'acquiescer, les deux « gusses » se sont fendus d'une sorte de défense du discours amoureux. D'un air docte, MacKenzie s'est placé du point de vue des mariés. L'amour, quoi ! Comme si Coulombe ne comprenait pas. Bien sûr qu'il croit au grand amour, mais soyons sérieux. Se marier pour crever dans une attaque le lendemain, n'est-ce pas une perte de temps ? Gerry fixait toujours ses chaussures. À la fin, il a levé son regard limpide vers le Kid. Accepterait-il d'être son témoin ? Bon Dieu ! Avait-il le choix ?

Difficile de refuser quoi que ce soit à Tremblay. Ah ! ça lui allait bien de jouer à l'enfant de chœur ! Lui, l'eau dormante de l'équipage, était en passe de devenir plus téméraire qu'un hussard. En réalité, si on y regardait à deux fois, on constatait que Gerry avait préparé son coup. Depuis un certain temps, Coulombe le soupçonnait de lui jouer dans le dos. Quelque chose ne tournait pas rond entre eux, la jalousie peut-être. Il avait du mal à décoder. Puis bang ! Terry. Coulombe n'aurait jamais cru que l'enjeu de sa première grande peine d'amitié serait une femme.

Teresa, c'est lui qui l'a remarquée le premier. Lui qui l'a invitée à danser. Croyant avoir affaire à une lady, il lui a fait la cour dans les règles, sans jamais abuser de la situation. Terry l'écoutait. De toute évidence, elle appréciait sa compagnie. Ah ! le prestige que confère une paire d'ailes ! Au chapitre des femmes, les pilotes détiennent toujours l'avantage. Quand tu es officier en plus, les plus ravissantes se prosternent à tes pieds. Il fallait les arrêter. Il n'en avait pas douté : Terry serait sa *girl*.

Puis, sans crier gare, Teresa s'est mise en frais pour Gerry. Comment était-ce Dieu possible ? Son navigateur dansait comme un veau. Il supportait mal l'alcool. Son anglais était pitoyable. Tout ce qu'il trouvait à dire pour aborder une fille, c'était : « *Hi, honey.* » Difficile à croire, mais Teresa a craqué pour lui. À Linton, quand elle attendait, avec ses amies, le retour de l'équipage, son cœur ne battait que pour l'enfant navigateur. Ça se voyait au sourire qu'elle décochait dans sa direction quand ils sautaient en bas de leurs bombardiers. Elle était amoureuse de Gerry !

Coulombe a eu mal. Rien de comparable aux souffrances endurées à la suite de la disparition de Roland, mais les symptômes étaient les mêmes. Il étouffait. Qu'est-ce qu'elle avait donc, cette touffe de Teresa Spakowski, pour lui infliger un tel tourment ? Une fille qui n'était même pas « pur rosbif », en plus.

Âgée de vingt-cinq ans, fille unique d'immigrants polonais qui avaient fui l'Europe centrale au lendemain de la signature du traité de Versailles, la fiancée de Gerry avait des cheveux châtains bouclés, coupés au carré sous l'oreille. Elle était menue, rieuse et déterminée.

Son père, Joseph Spakowski, possédait une épicerie rue Ashcroft, à St. Helens, une ville ouvrière située à une quinzaine de kilomètres de Liverpool. Invariablement vêtue de noir, sa mère, Annie, avait mis au monde six enfants, dont cinq fils. Elle était fière d'avoir une princesse aussi délurée, aussi british, en somme. Annie était une femme courageuse que Terry adorait, mais à laquelle elle n'aurait voulu ressembler à aucun prix.

Trois ans plus tôt, lorsqu'elle s'était présentée au bureau de recrutement de la Force féminine auxiliaire de l'aviation (WAAF), la fille du réfugié polonais avait craint d'être recalée. L'armée de l'air britannique ! Y avait-il un endroit plus chic au monde ? Terry aimait la gloriole. Elle avait été acceptée, et sa vie avait basculé. Envoyée à cent cinquante kilomètres de chez elle, à la base de Linton-on-Ouse, elle avait été affectée au ravitaillement en carburant des avions. On lui avait dit qu'il fallait se préparer à faire face à la disparition de plusieurs jeunes aviateurs. On lui avait dit de ne pas s'attacher. On lui avait fait promettre de ne pas tomber amoureuse. Elle avait promis.

Tous les matins, avant de gagner la pompe à essence sur le terrain d'aviation, Teresa, que tout le monde appelait Terry, passait un fer chaud sur son uniforme bleu azur. Le costume mettait en valeur ses yeux pervenche. Le matin, au déjeuner, elle bavardait avec ses camarades masculins, les questionnait avec douceur sur leurs parents et sur les pays qu'ils avaient visités. L'aéronautique la fascinait. Si on lui en avait donné la chance, elle aurait certainement piloté l'un de ces bombardiers géants qu'elle suivait des yeux au moment des départs. Les Polonais en avaient gros sur le cœur depuis le début de la guerre, et les Allemands étaient leurs ennemis héréditaires. Teresa aurait aimé pouvoir prendre les armes contre Hitler.

Le pilote ou le navigateur ? Selon Raymond, fils aîné de Teresa et Gerry, sa mère avait hésité. « Ils la courtisaient tous les deux », m'a-t-il déclaré longtemps après le décès de ses parents.

Qu'est-ce qui a fait pencher son cœur ? Roger était pilote. Il avait de l'autorité et du panache. Gérard Tremblay avait grandi à Limoilou, un quartier ouvrier où l'on s'affirmait volontiers contre le big business, comme dans les secteurs ouvriers de Liverpool ou de Londres. Il avait peut-être deviné les humiliations dont avait souffert la famille de Terry, des « Polaks » catholiques dont on n'appréciait pas toujours la présence dans l'Angleterre protestante. Les guerres sont souvent l'occasion pour les sans-papiers et autres sans-grades de se tailler une place. Teresa savait tout ce que ses parents avaient traversé pour lui permettre de prendre le thé en compagnie d'amies très comme il faut ou de revêtir cet uniforme qui était la gloire de l'Empire. Elle entendait prouver sa valeur aux yeux du monde entier.

Comme toutes les filles de la WAAF, Teresa s'estimait choyée de pouvoir côtoyer chaque jour les chevaliers du monde libre. Les Brylcreem Boys inspiraient le désir, la passion, la folie. Ces conquérants, dont plusieurs avaient des accents à couper au couteau, incarnaient tous les possibles.

Qu'importe si les surhommes étaient qualifiés de « morts en sursis » (l'expression appartenait à Arthur Harris). Un jour, la guerre finirait, et ils auraient des enfants, de l'argent, des continents de lumière à partager.

Un baiser pour la chance, des étreintes pour patienter, un condom qui finissait par péter. Pour affronter pareille roulette russe, les femmes en bleu interrogeaient les astres, les cartes à jouer, les planches ouija. « Je vois un Canadien qui vous entraîne à bord d'un canot d'écorce dans la baie d'Hudson », prédisait la diseuse de bonne aventure. Il n'en fallait pas plus pour renouveler l'espoir dans le cœur de plusieurs de ces Emma Bovary en uniforme. Le mariage représentait une bouée, la lueur au bout du tunnel. Associées aux héroïnes de romans, les blondes des aviateurs suscitaient admiration et curiosité.

Puis, une nuit, le bombardier manquait à l'appel. Une plainte emplissait l'espace et se terminait parfois par un cri strident. Dans le dortoir des filles, on assistait à des scènes déchirantes, à des soupirs, à des pleurs. Pas une semaine qui ne fût secouée de sanglots. Dans la vieille Angleterre, des cœurs âgés d'à peine vingt ans éclataient en mille morceaux.

Abandonnées à leur sort, les jeunes femmes privées tout à coup de leurs fiancés se rendaient jour après jour au milieu de la piste, dans l'espoir de voir apparaître ceux qu'elles aimaient. Sous prétexte qu'elles attiraient la poisse, on ne leur adressait plus la parole. Hagardes, elles écoutaient en boucle une chanson qui était devenue l'hymne national de leur amour perdu : *We'll Meet Again*, interprétée par Vera Lynn, petite amie (*sweetheart*) des forces de l'aviation britannique. « Nous nous rencontrerons encore… Je ne sais quand, je ne sais où… Mais je sais que nous nous reverrons un jour… » Après la guerre, cette chanson déchirante sera reprise par Johnny Cash ainsi que par le groupe The Byrds.

Y croyaient-elles ? Pour nombre de ces jeunes filles, les rendez-vous qu'elles ne cesseraient d'attendre les habiteraient jusqu'à leur dernière heure. « Est-ce toi, mon adoré ? Je savais que tu reviendrais. »

Dans les très rares confidences qu'elle a partagées avec ses enfants, Terry Tremblay a évoqué ces moments arrachés au vertige où, rongée d'inquiétude, elle attendait l'arrivée du bombardier piloté par Coulombe à Linton. À bord, son homme, comme dans une capsule blindée, entre l'Allemagne et l'Angleterre. À plusieurs reprises au cours de la nuit, elle levait des yeux désespérés vers le tableau d'affichage, fouillait la pénombre pour trouver le numéro d'immatriculation de l'avion parti le soir même. Le Lancaster n'avait pas encore atterri. Elle surveillait sa montre. Tout à coup, un murmure derrière son dos. Le mot *lost* (« perdu ») venait d'apparaître sous le nom de Coulombe. Elle se mettait à trembler, à prier. L'avion avait-il était abattu ? Effarée, Terry s'efforçait de sourire. Elle serrait les poings. Tout irait bien. Ses amies la réconfortaient. Leurs vies étaient un roman.

Et, comme dans les romans, les amoureux finiront par se retrouver. Ce mariage avec Gérard Tremblay sera exactement comme Terry l'avait imaginé, avec un gâteau blanc à deux étages, une robe en dentelle, un voile d'organdi, des invités sur leur trente et un et des demoiselles d'honneur en satin couleur pêche. Quand elle parlait de ses plans, ses amies hésitaient à la croire. Un banquet en pleine guerre, tu plaisantes ?

Les obstacles étaient nombreux, concédait Teresa, mais non infranchissables. D'accord, du beurre au sucre en passant par le pain, tout était rationné. Pour obtenir du tissu, il fallait amasser un nombre incalculable de tickets (la future reine Élisabeth s'était elle-même mise à la tâche et ramassait ses coupons en vue de son mariage avec Philip). À bout de patience, plusieurs Anglaises s'étaient résolues à porter des toilettes venues d'Amérique. Eleanor Roosevelt, la femme du président américain, avait mis à la disposition des fiancées britanniques une collection complète de robes de mariée usagées à partir de dons récoltés aux États-Unis. C'était une solution, pas vrai ? Teresa, qui tenait à porter une toilette à son goût, avait répondu « non ».

Quelques jours avant le mariage de Terry et Gerry, un député de la Chambre des lords a pris la parole pour condamner les raids sur Berlin par le Bomber Command. Devant le parlement, George Bell, qui était également le cardinal (protestant) de la ville de Chichester, a rappelé le sort des femmes et des hommes « engloutis dans des tornades de feu et de flammes » sous l'effet des bombardements alliés. Au nom de la morale chrétienne, il exigeait que cesse cet acte de barbarie. En conclusion, il a servi cet avertissement : « La manière dont nous conduisons la guerre dessinera la paix, qui risque de nous affecter pas mal plus longtemps. »

LES NOCES DE FÉVRIER

**Pour la photo traditionnelle,
le couple se fait entourer du Kid
et des autres membres de l'équipage.**

Entre Manchester et Liverpool, le comté du Lancashire n'a rien d'excitant, surtout par temps gris. Bombardée à plusieurs reprises durant le Blitz, la région renferme les usines d'armement, les pits de charbon et les maisons basses sans gaité typiques de l'Angleterre industrieuse. On voit que les gens ici travaillent dur. Que leur vie n'est pas une partie de plaisir. À bord du train qui le conduit à St. Helens, Roger Coulombe peut constater la désolation dont le paysage est imprégné.

Parvenu devant Holy Cross, le Kid laisse échapper un soupir. C'est ici, dans la paroisse jésuite de St. Helens, que doit avoir lieu le mariage tant attendu. Tu parles! En tant que témoin et garçon d'honneur (*best man*), il doit représenter le père du marié. On lui a demandé également d'escorter l'une des demoiselles d'honneur et d'apporter les anneaux au pied de l'autel.

Tremblay! En lui ravissant Teresa, son navigateur a peut-être voulu se venger des abus que Coulombe lui inflige quasi quotidiennement dans l'avion. On ne le saura jamais. Chose certaine, le Kid a sciemment évité de mentionner les noces de son navigateur dans son journal personnel. Un oubli qui en dit long sur ses sentiments à la veille de la cérémonie.

Ce matin du 15 février 1944, en face de Holy Cross, Terry Spakowski, vingt-sept ans, apparaît tout à coup en robe de mariée, un gros bouquet d'œillets roses à son corsage et un sourire radieux sur les lèvres. Ravissante dans sa longue robe blanche, elle est accompagnée de son futur époux, Gérard Tremblay, sur son trente et un lui aussi. D'autres invités arrivent sur les lieux quelques instants plus tard. Parmi ces derniers, deux amies de la mariée, qui sont également membres de la WAAF. Tout le monde est en uniforme, sauf Terry.

Un photographe vient les saluer. C'est lui qui doit immortaliser l'heureux événement. À l'extérieur de l'église (la prise de photo est sans doute interdite dans le temple catholique), il prend plusieurs clichés de manière à obtenir un choix décent, car il est prévu que le mariage de Terry Spakowski et Gérard Tremblay fera l'objet d'un article avec photo dans le journal local. Ces noces en plein séisme ont quelque chose de rassurant. On s'épouse avec une foi frémissante en l'avenir malgré la fin des temps et le monde en loques.

Telle une comète au milieu de cette grappe d'hommes gris, la petite mariée sourit, tout à son bonheur d'être là. Facile de l'imaginer en train de s'envoler dans le ciel, propulsée par son voile d'organdi. Ce mariage à la Chagall constitue sa consécration, son pied de nez à tous les oiseaux de malheur et autres empêcheurs de tourner en rond. Teresa appartient à cette catégorie de gens qu'aucun obstacle ne saurait décourager.

Sans jamais sortir de sa réserve, Gérard Tremblay offre un visage grave durant cette journée. Prudent, il préfère peut-être ne pas trop laisser éclater sa joie. Ce mariage, qui le libère de son isolement, marque sa victoire sur Roger

Coulombe. Victoire hasardeuse qui pourrait bien faire chanceler leur amitié. Avant tout, Tremblay doit se garder de faire de son capitaine un ennemi. Il jouera de prudence jusqu'à la fin du jour.

Pour la photo traditionnelle sur le parvis de l'église, le photographe a jumelé le couple avec les autres membres de l'équipage (dans un second cliché, il invitera les deux collègues de Terry à se joindre au groupe). Raide, la casquette sous le bras, les gants de cuir dans la poigne de sa main, le Kid se poste à la gauche de la mariée. Sept hommes, une gamine. Pour détendre l'atmosphère ou pour arracher un sourire à Coulombe, l'un des équipiers se pique d'une boutade. Le photographe appuie sur l'obturateur au moment où les gars répriment un fou rire. Photo extraordinaire, très différente des clichés habituels sur le même sujet. Elle sera reproduite dans plusieurs ouvrages sur la guerre des bombardements. Coulombe lui-même a retenu cette photo pour ses archives.

L'équipage a effectué son onzième raid sur Berlin quinze jours plus tôt. À cette étape, les statistiques jouent contre eux. Ces noces, à quoi ça rime?, semble se dire Coulombe. Dans un mois, ils seront peut-être tous morts. Le temps efface bien des rancœurs, cependant. Au fil des ans, l'évocation de cette journée finira par rendre le Kid nostalgique. Il examinera maintes fois la photo prise sur le parvis de l'église, avec des larmes aux paupières.

La réception a lieu au Parr & Hardshaw Labour Club, dans Prospect Road, à St. Helens, le faubourg ouvrier du Lancashire où Terry a grandi entre l'épicerie familiale et les fabriques de verre où peinent des centaines de travailleurs immigrés.

Pendant le banquet, on peut facilement le supposer, plusieurs invités ont demandé aux Spakowski des nouvelles de Stanley. Le dernier fils de l'épicier de Prospect Road n'a pu assister au mariage de Terry parce qu'il vient tout juste de s'enrôler dans la Royal Air Force. Comme son beau-frère, Gérard Tremblay, il volera à bord d'un Lancaster.

Stanley sera tué dans la nuit du 28 juillet 1944, exactement six mois après le mariage de sa sœur. Il avait vingt-deux ans. Son avion a été pulvérisé au-dessus de la France alors qu'il se dirigeait vers Stuttgart avec son équipage. Cette nuit-là, les habitants du petit village de Blamont, dans le département du Doubs, se sont réveillés sous une voûte céleste en fusion. Un avion allié était tombé en flammes dans leurs champs. Sans un mot, ils se sont rendus sur les lieux du sinistre. Bravant l'occupant nazi, ils ont tiré les corps des sept aviateurs des débris du Lancaster de la RAF touché par les canons antiaériens allemands et les ont enveloppés dans des linceuls blancs. Ils les ont ensuite transportés dans le cimetière du village et enterrés au cours d'une brève cérémonie. Encore aujourd'hui, on peut lire l'hommage suivant tout près de leurs tombes : « Aux sept aviateurs du Lancaster BO. LM 455 tués dans la nuit du 28 au 29 juillet 1944 lors de leur mission sur Stuttgart. » Stanley est inhumé aux côtés de ses coéquipiers.

Dans la salle de bingo mal éclairée, là où les noces continuent d'être célébrées, le photographe de tout à l'heure remarque au passage des regards inquiets, des sourcils froncés, quelques moustaches, des enfants. Au dessert, il se déplace avec les époux jusqu'au gâteau, une pièce montée plutôt exceptionnelle en cette période où les garde-manger sont vides. La main de Gerry se pose sur celle de Terry. Clic. Première scène de la vie conjugale.

Le photographe du St. Helens' Reporter porte un regard tendre sur l'assemblée. Grâce à lui, nous pouvons avoir un aperçu de l'ambiance qui régnait durant ces noces dans le Lancashire en pleine guerre, avec ce mélange très palpable d'inquiétude et d'anticipation, d'aspiration muette et de sombres prémonitions. À l'opposé des photos statiques des studios du début du siècle, les portraits réalisés à cette époque trahissent un individualisme naissant dont on ignore encore qu'il sera surtout fondé sur la consommation. À partir de 1940, on ne se soumet plus au photographe. On se sert de lui pour exprimer son identité, son désir d'être quelqu'un ou d'avoir une télé !

Devant l'objectif, Terry met en scène ses propres espoirs à l'enseigne de l'American *way of life*. Non seulement elle a pris soin de choisir un homme qui la rendra heureuse, mais, en épousant un citoyen du Nouveau Monde, elle compte propulser son étoile hors de la galaxie souffreteuse où elle est née. Elle parvient même à savourer un peu de la notoriété qui fait d'elle, au moins le temps d'une journée, la petite mariée enviée des faubourgs ouvriers de Liverpool.

Le vendredi 18 février, comme prévu, le St. Helens' Reporter publie une photo de la mariée entourée de ses militaires.

Sous le cliché, le bas de vignette ne se contente pas d'énumérer ceux qui y figurent, mais fourmille de détails tendances (un trait qui fleurira après la guerre) sur les robes de chacune (celle de la mariée, celle de sa mère et des demoiselles d'honneur), sur la musique entendue à l'église, sur l'endroit où le couple ira passer son voyage de noces (le Dorset) et sur la toilette empruntée par Terry pour faire le voyage (manteau en poils de chameau marron accompagné d'accessoires du même ton).

Teresa appartient au contingent des 48 000 femmes qui ont épousé des Canadiens durant la Seconde Guerre mondiale. Elle traversera l'Atlantique tout juste après la fin des hostilités. Une fois à Halifax, elle s'embarquera sur le train jusqu'à Québec, où Gérard Tremblay l'attendra. Elle aura quatre enfants. Après la mort de son mari, à la veille de Noël 1981, elle trouvera un emploi comme vendeuse chez Sears, à Québec. Le dimanche, elle assistera à la messe en anglais à la basilique de Sainte-Anne-de-Beaupré. Elle ne perdra jamais tout à fait son accent.

Le mariage de Gerry et Terry ne sonne aucunement la fin de la guerre. Et la mort de Stanley prouve que nos jeunes héros sont loin d'être sortis du pétrin. Les boys sont épuisés. Que ce soit pour des raisons affectives, psychologiques ou nerveuses, ou tout simplement à cause de ses lourdes responsabilités, le Kid est au bord de l'effondrement à ce stade de sa mission.

Comme on peut le constater sur les photos, il est resté sur son quant-à-soi jusqu'à la fin de la célébration. En rogne ? Pas nécessairement. Doté d'une curiosité à l'égard de tout ce qui est technique, le Kid, je me plais à le penser, s'est peut-être tourné vers le photographe pour le questionner à propos de son art. Les créatifs ont la faculté de pouvoir échapper à ce qui les tourmente pour s'absorber rapidement dans une matière qui les enchante. Si, comme je le crois, la photographie comptait parmi ses champs d'intérêt, le Kid a très bien pu élaborer sur-le-champ le plan d'une séance photo pour son propre compte. Un truc ébouriffant, symbolique, artistique : un cliché iconique avec son... Lancaster. Quant à savoir s'il a planifié son portrait ce jour-là, on en est réduit aux conjectures, mais il est certain qu'une image le tentait, une œuvre visuelle évoquant ses épousailles avec son avion.

ICONOGRAPHIE RELIGIEUSE

Exécuté quelques heures avant son douzième raid sur Berlin, le portrait du Kid recèle une parenté secrète avec le Christ.

Il n'était pas dit que le Kid n'aurait pas droit, lui aussi, à une photo exceptionnelle, une image en noir et blanc où il apparaîtrait simplement vêtu de son blouson, aux commandes de son avion, le Lancaster.

Hasard ou non, l'occasion lui est donnée de poser pour ce portrait mythique quelques heures seulement avant son douzième raid sur Berlin. Un portrait inspiré des illustrations bibliques qui ont imprégné son enfance.

Le 24 mars 1944, à Linton, Roger Coulombe fixe rendez-vous au photographe de l'Aviation royale canadienne devant son « chariot de feu » à environ cinq heures de l'après-midi, de manière à pouvoir profiter de la lumière avant le coucher du soleil.

Une fois sur place, il se hisse jusqu'à son poste de pilotage. Non, aucun membre de son équipage n'est invité à se présenter à ses côtés pour cette séance très spéciale où le parvis de l'église est remplacé par la silhouette d'un super-bombardier lourd à quatre moteurs.

Coulombe a des lèvres minces, le nez droit, une fossette au menton. Ses yeux couleur d'huître sont encadrés par des sourcils très noirs, comme des traits au fusain. Le matin du douzième raid, ses cheveux brillent d'un éclat particulier. Les poches noires sous ses yeux ajoutent une dimension tragique à son visage.

Il a déjà rédigé la chronique de sa guerre comme une sorte d'évangile à lire après sa mort. Pour son portrait, il associe son martyre à un chemin de croix. Or le voici à la dernière station, face à une mort certaine. Pour immortaliser cette étape, il a l'intention de se faire photographier sur sa croix (son avion) comme un Christ au visage grave, à la fois résigné et triomphant.

À la suggestion du photographe, il prend place derrière les commandes de Q pour Queenie, puis tourne légèrement la tête vers la gauche. À sa hauteur, juché sur l'aile du Lancaster, l'homme à la caméra dirige son objectif vers lui.

« T'es prêt, Rog ? » La fenêtre du bombardier encadre le visage délicat du Kid. « Regarde-moi ! » Les yeux baissés, Coulombe fait comme s'il n'entendait pas. Il perçoit le doux cliquetis de l'appareil photo. L'autre poursuit : « OK, une dernière, *Captain. Smile.* » Clic. Farouche, Roger Coulombe ne sourit pas.

« La photo a été prise seulement quelques minutes avant le décollage de notre dernière mission sur Berlin », a-t-il rapporté des années plus tard à son « ami anglais », Richard Knott. Celui-ci s'est empressé de reproduire le cliché dans son livre. Coulombe n'a pas fourni d'explications supplémentaires.

Au moment où j'archivais la photo du douzième raid, je suis tombée sur une peinture intitulée L'Homme des douleurs sur Internet. Stupéfiant comme, avec son regard baissé et son visage affligé, Coulombe rappelle ce Christ de la Renaissance aux poignets entravés, sur le point d'être crucifié. Double hélice du temps qui ramène, sur l'aérodrome de la liberté, cette figure sacrificielle, ce personnage antique de la souffrance, ce Christ désespéré.

Consciemment ou non, Roger Coulombe reproduit l'atmosphère des représentations artistiques de Jésus-Christ qui ornaient les livres de prières de son enfance. La photo peut également nous éclairer sur le peu d'intérêt du Kid pour la bonne humeur factice, caractéristique de l'esprit des casernes. Les pitreries, les blagues grossières, les allusions au sexe, très peu pour lui. Mais en regard du saint suaire qu'il nous a laissé, le détail semble avoir peu d'importance.

À quelques semaines de terminer sa mission, l'artiste en lui se sent sollicité. Comme dans ses écrits ou devant le piano,

Coulombe cherche une fois de plus à donner une dimension sacrée à son existence. À l'instar du peintre qui se prend pour modèle, il s'entoure de symboles liés à l'originalité, voire à la cruauté de sa quête, ici le Lancaster dans lequel il prendra place tout à l'heure. Par ce portrait de jeune homme sacrifié au vautour de la guerre, c'est de mortalité qu'il cause, et aussi de résurrection. Dans quelques heures, son corps sera peut-être dévoré par les flammes. Avec cette version de l'aviateur en martyr, le pilote traduit son désir de rédemption, ainsi que son désir de durer.

Longtemps oublié, ce portrait a été diffusé pour la première fois dans les ouvrages sur la guerre des bombardements à partir des années 1990. Il a circulé de nouveau au lendemain du décès du Kid, en 2010. Dans un blogue relatant brièvement la carrière de Coulombe, un amateur a exprimé sa fascination par ces mots: « Je ne comprends pas le français, mais la photo me plaît. »

LE DOUZIÈME RAID

**Un mois après le mariage de Gerry,
Coulombe affronte Berlin pour la dernière fois.
Dans le *cockpit*, personne n'est d'humeur à célébrer.**

Un mois après le mariage de Gerry, Roger Coulombe se prépare à affronter le monstre berlinois pour la douzième fois. Pas le temps de ressasser les vieilles rancœurs, pas le temps de soigner les blessures personnelles. Le 24 mars 1944, ses coéquipiers et lui devront accomplir leur numéro de haute voltige avec un maximum de cohésion, sinon la vipère nazie va les dévorer. Après le briefing, ils avalent un repas, toujours le même, composé d'œufs et de bacon, collation que les gars appellent cyniquement « la dernière cène ». Puis, ils se glissent à tour de rôle dans Q pour Queenie, direction la Big City.

Le Bomber Command baptisera cette attaque « la nuit des vents forts » (*the night of the strong winds*). Après le décollage, une bourrasque se lève en effet, mauvaise et chaotique comme tous les vents du nord. Contrairement à ce que « Cloudy Joe » a annoncé, la nuit est parfaitement claire, et une lune grosse comme le lac de Côme place les appareils de la flotte britannique bien en vue de la chasse ennemie. Déroutée, désorientée, l'armada de Sir Arthur Harris se disperse. Plusieurs bombardiers galèrent vers le sud. Quant à Coulombe, il se retrouve au-dessus de la ville de Kiel, « où nous n'étions pas supposés passer », spécifie-t-il dans son journal personnel.

Le Québécois transporte près de 10 000 tonnes d'explosifs durant son dernier raid sur la capitale. Sous le ventre du Lancaster, ce qu'on désigne comme la cible n'est qu'un cratère de débris et de cendres. Durant l'assaut, Coulombe est pris de nausées. Qu'a-t-on besoin de tourmenter une fois de plus cette cité maudite ?

Dans son *log book*, contrairement à son habitude, il se contente d'un résumé lapidaire pour décrire cet ultime « Berlinale ». Une dizaine de mots : « *We lost 73 bombers, shot down on that raid.* »

Les chiffres sont les gardiens spirituels qui l'épaulent quand rien ne va plus. Depuis qu'il est tout petit, il est fasciné par les cadrans, les aiguilles, les trotteuses. L'aviation lui a permis de prolonger sa lune de miel avec les tableaux gradués. Système anglais oblige, il s'exprime en livres, en tonnes, en milles, en pintes. Il ne manque jamais d'indiquer le nombre d'avions cédés à l'ennemi durant un raid. Il n'ignore pas non plus la tristesse de certains chiffres. Ceux, par exemple, qui marquent l'oubli dont font l'objet les aviateurs canadiens dans les bulletins de la BBC. La société de radiodiffusion britannique mentionne uniquement les pertes du côté anglais. Les camarades qu'on laisse à la porte des statistiques, c'est comme si on les sacrifiait deux fois. Comment supporter ça ?

Une nuit, survolant la ville d'Essen, dans la vallée de la Ruhr, il voit sept parachutes s'échapper d'un bombardier enveloppé de terreur. Dans la lumière des projecteurs allemands, il parvient à voir le numéro du Lancaster de son ami Olsson. Sur un terrain de bataille plus orthodoxe, il pourrait s'élancer vers le pilote canadien, le hisser sur son épaule pour le ramener derrière la ligne de front, à l'abri de la canonnade. Ce geste de camaraderie lui est inaccessible. Cadenassé dans sa propre capsule de solitude, Coulombe est condamné à suivre la chute de son ami de l'autre côté de l'abîme, dans les affres du brasier. Le capitaine Olsson était « *a mate of mine* » (un ami à moi), confie-t-il dans son book. Sa disparition derrière les flammes lui assène un choc.

Au plus fort d'une attaque, ce qui pour lui relève de l'évidence n'est pas toujours limpide pour ses potes. Pas le temps de jouer leur avenir aux cartes. Le Kid procède sans laisser le doute s'immiscer dans son cerveau. Ce trait qui réussit aux poètes obtient également du succès chez les chefs de meute. Il est le chef, mais un chef meurtri par le conflit, les dissensions dans l'équipe depuis le mariage de Gerry.

La zizanie. Après être sorti victorieux du douzième raid sur Berlin, il n'a pas le cœur à célébrer. Les chiffres sont de nouveau affligeants. Cinq cents copains morts ou faits prisonniers au cours de ce clair-obscur où la lune les a trahis. Leur armée décimée ! Il en a assez des os broyés, des corps pulvérisés et de toute cette tôle carbonisée. La guerre, quel gâchis !

Un mois plus tard, au cours d'une cérémonie officielle, le vice-maréchal de l'Aviation royale canadienne, Clifford MacKay McEwen, dit « Black Mike », lui présente, sur recommandation royale, une montre-bracelet. Cette reconnaissance, notons-le bien, lui est attribuée non pour avoir réalisé un record de douze raids sur la capitale du Reich, ce qu'il a effectivement accompli, mais pour avoir déversé le plus grand nombre de bombes sur Berlin. Quel affront ! On réduit son exploit de pilote virtuose à un décompte d'explosifs sur une marée d'êtres humains sans défense. Perfide organisation !

Sur le coup, il accepte stoïquement cet honneur macabre mais il s'en voudra de s'être plié à cette mascarade. Des années plus tard, interrogé par les auteurs de *Reap the Whirlwind*, il ne décolérera pas à propos de ce « cadeau ridicule », vomissant au passage sur cette « montre cheap du Nevada » que ses supérieurs lui ont collée au poignet.

Son propre état-major s'est servi de lui pour valider un assassinat de masse. Le Kid a l'impression d'avoir été atteint dans sa dignité. Des sentiments contradictoires se nouent en lui. Mû par un idéal, celui de participer à une guerre juste et noble, il est traversé d'instincts sauvages. La remise de cette montre aux aiguilles figées dans le sang achève de le dégoûter. Les vieux commandants ont peut-être voulu lui servir une leçon : « Oublie tes rêves de héros, mon petit bonhomme. T'es pareil comme nous, un boucher. »

LIBRE

Sorti indemne de son périple au cœur des ténèbres, le Kid ne songe qu'à une chose : retourner au combat.

Dans son petit lit de fer, au milieu de l'Angleterre en guerre, il sent les murs de son baraquement trembler. Au-dessus de sa tête, par dizaines et par milliers, les bombardiers de son armée se dirigent vers la mer ! Il ne peut s'empêcher de se répéter : le débarquement ! Le débarquement ! La plus grande invasion de tous les temps. Il est ému. Au petit jour, il résume la situation dans son journal. « Wellesbourne, 6 juin 1944. Ce matin, c'est le D-Day (le jour J). L'invasion de la France par les Alliés. Au cours de la nuit, des centaines d'avions nous ont survolés. Le grondement des moteurs m'a tenu éveillé. »

Il referme son cahier vert, tourne la clé dans la petite serrure. Il vient de raconter sa guerre pour la dernière fois. Personne ne lira les descriptions hallucinées de ses trente raids nocturnes sur l'Allemagne pour la simple raison qu'il s'en est sorti sans une égratignure. L'organisation n'aura pas à expédier son journal home, comme il avait supposé qu'on l'aurait fait s'il s'était laissé carboniser dans l'aventure. Pilote émérite, décoré pour son courage, il n'a pas brûlé en l'air !

Promu lieutenant, il est nommé instructeur dans une école d'entraînement tout près de Stratford-upon-Avon. Soulagé de ne plus avoir à vivre le stress des bombardements, il avoue se sentir plus léger. Alors, pourquoi ce sentiment de vide intérieur ?

L'action lui manque.

De façon paradoxale, quand il a quitté Linton-on-Ouse, le 13 mai précédent, son cœur a manqué de fendre. Trop de souvenirs le liaient au terrain d'aviation ; il n'arrivait pas à s'en détacher. Les amitiés qu'il avait nouées, les morts qu'il avait pleurés, les erreurs qu'il avait commises et qu'il aurait voulu réparer, tout cela provoquait en lui un surplus d'émotions qui l'empêchait de respirer. « J'avais envie de pleurer comme un enfant », a-t-il avoué simplement dans son journal.

Un an plus tard, la guerre prend fin en Europe. Rapatrié au Canada, Coulombe se porte volontaire pour le Pacifique. Désir de conduire la victoire jusqu'au bout ? Volonté inconsciente d'en finir tout court ? On pourrait multiplier les hypothèses, mais ce serait encore faire trop bon marché du trouble de stress post-traumatique dont il ressent immanquablement les premiers effets. La guerre a fait 49 500 victimes chez les soldats canadiens, parmi lesquelles il faut compter 10 000 aviateurs. S'il veut retourner au feu, c'est peut-être justement pour éviter d'y penser.

Quelle que soit son intention, il ne se rendra pas en Asie. Le matin du 6 août 1945, il est à Montmagny lorsqu'il reçoit le message : « Ne bougez pas, les Américains viennent de lâcher une bombe atomique sur Hiroshima. La guerre est terminée. »

La bombe A était-elle nécessaire ? Coulombe tente de gérer ce surplus d'incohérence. En attendant de pouvoir se faire une idée, il est coincé. Ses cauchemars le tirent du lit chaque nuit. Il allume. Même Victor Hugo n'arrive plus à le soulager.

Dans les journaux britanniques, les langues se délient. Plusieurs font des parallèles entre Hiroshima et l'offensive du Bomber Command sur les villes allemandes. Un écrivain américain, Kurt Vonnegut, qui était retenu prisonnier à Dresde lors des bombardements de 1945, parlera du «plus grand massacre de l'histoire européenne». La destruction de Dresde par les Alliés est l'œuvre de Sir Arthur Harris. Son chant du cygne.

Petit à petit, dans le monde entier, l'opinion quant aux bombardements de zone commence à changer. Le malaise s'accentue un peu plus chaque jour. Il débouchera bientôt sur la controverse. Près de deux millions de tonnes de bombes sont tombées sur l'Allemagne de 1943 à 1945. Cette bataille féroce qui a fait 600 000 morts parmi les civils allemands a également entraîné la disparition de 50 000 aviateurs alliés.

Coulombe refuse d'avoir mauvaise conscience. Trop de sacrifices ont été accomplis pour gagner la guerre. Trop de morts, trop de gars qui ont flambé, leur jeunesse évanouie entre ciel et terre. Il regarde sa mère, son sourire paisible, ses gestes mesurés. Il lui arrive de regretter de s'être coupé des siens. Il n'est jamais facile pour un vétéran d'expliquer sa réalité aux non-combattants. Un héros ? «J'ai simplement fait mon métier», dira-t-il. Mais quel métier ? Au milieu des gens normaux, il est devenu un étranger.

RÉUSSIR SA SORTIE

À Winnipeg, où il postule pour devenir pilote de ligne, il est recalé.

Il a appris que Trans-Canada Airlines (qui deviendra Air Canada) cherche des pilotes. Sa DFC épinglée sur la poitrine, il se rend à Winnipeg pour l'entrevue. Réception chaleureuse. Accolades et poignées de main. On va vous rappeler.

Il reçoit une lettre quelques semaines plus tard. La compagnie rejette sa candidature en raison de sa vue déficiente, argue-t-on. Le cofondateur du Panthéon de l'Air et de l'Espace du Québec, Pierre Thiffault, refuse cette explication et blâme plutôt le racisme systémique pratiqué à l'endroit des francophones au Canada à cette époque. Selon lui, « il était très difficile, voire impossible pour un Canadien français, durant ces années d'après-guerre, d'obtenir un emploi au sein du transporteur national. Coulombe a été victime de discrimination. »

Pour le premier intéressé, cette rebuffade signifie qu'il n'a plus sa place dans l'aviation. Il peut presque entendre les portes se refermer derrière lui. Faut-il blâmer le fantôme du navigateur anglais ? Jusqu'à quel point cette affaire persiste-t-elle à faire tache dans son dossier ? Comme il y a d'anciens commandants du 6ᵉ Groupe canadien sur le comité de sélection de Trans-Canada, on est en droit de se poser la question. Chose certaine, le Berlin Kid n'aura aucun privilège, aucun passe-droit. Il se retrouve seul, sans statut social, sans éducation digne de ce nom ni avenir professionnel. Voudrait-il se réinventer qu'il ne le pourrait pas. Du moins, c'est ce qu'il commence à croire.

À vingt-six ans, il a le choix : soit il étripe quelqu'un, soit il boit pour oublier, se tire une balle dans la tête ou épouse une fille du village. Il ne peut ni se flinguer ni étriper quelqu'un, sa mère en mourrait. Le mariage ne semble pas une option. Pas plus que la boisson ou la guerre, finalement. Alors, il se dit qu'il vivra comme un imposteur jusqu'à ce qu'il trouve une solution lui permettant de demeurer fier de lui.

Une photo de cette époque traduit sa solitude. C'est l'été, devant le modeste chalet en contrebas de la maison familiale, au bout de la terre des Coulombe, à Berthier-sur-Mer, en face du Saint-Laurent. Vêtu de son uniforme, Roger pose entre ses sœurs jumelles. Le fleuve éclabousse le paysage de sa lumière argentée. Posté entre Carmen et Gisèle, le Kid présente une mine cafardeuse. Il se dégage une sorte de lourdeur de sa personne. Il s'ennuie. Quel contraste avec la beauté radieuse des jumelles! Jeunes et légères dans leurs jolies robes d'été, les sœurs Coulombe offrent des visages sereins et pleins d'espoir. Enfin, c'est fini, semblent-elles se dire, à propos de la guerre. Et toi, vétéran, ça va? Chacun des protagonistes de la photo se tient à bonne distance des autres, derrière une frontière invisible, muré dans ses secrets.

Chez sa mère, Roger récupère. Tous les jours, il franchit à la nage les quatre kilomètres qui le séparent d'une des petites îles de l'archipel de l'Isle-aux-Grues. L'entraînement auquel il s'astreint lui permet de gagner du temps. Tous les anciens combattants savent que c'est le corps qui part en premier. Jusqu'à un âge très avancé, l'ancien pilote se forcera à demeurer *top shape*. Il ne renoncera jamais aux abdos.

La guerre agit comme un ensorcellement. Il faut pouvoir en sortir pour refaire sa place dans le royaume des vivants. Coulombe compte sur le caractère mouvant de sa personnalité, qui recèle un éventail de possibilités. Il n'a qu'un secondaire quatre, mais tout l'intéresse: les mathématiques, l'anatomie, les laboratoires, les amphithéâtres bondés de jeunes visages masculins. L'université aussi le tente. Il pense à Mercier qui, s'il avait survécu, aurait poursuivi une brillante carrière d'avocat. Partenaire dans une étude prestigieuse et premier ministre, pourquoi pas? Jacques avait de l'ambition. La chose venait naturellement dans une famille comme la sienne. Il l'entend parfois dans sa tête. Attentionné, Mercier encourage le Kid à se ressaisir: «Tu as tout ce qu'il faut, vieux. Arrange-toi pour être fier de toi.» Combien de ces conversations imaginaires a-t-il eues avec son frère? L'important, c'est de pouvoir continuer à se regarder dans le miroir le matin.

Le temps passe. Il a un plan. Boucler sa valise. Quitter le comté de Montmagny. Obtenir un baccalauréat ès arts à

Québec, puis être admis à l'Université de Montréal. Entreprendre un doctorat. Rien de plus simple : l'organisation assume le coût des études universitaires de ses vétérans. Une fois cette étape franchie, il se farcira une spécialité aux États-Unis. *Basta!*

Il faut du cran pour se soumettre à la grammaire et au calcul, à la botanique et au latin, après un intermède de six ou huit ans à se dérégler le ciboulot avec les bombes. Le fait d'avoir torpillé des villes entières ne donne pas la science infuse. Pour un fils de cultivateur, franchir les portes de l'université relevait de l'utopie. Comme tout le monde, Coulombe redoute l'échec, mais il sait qu'une fois parvenu sur le théâtre des opérations il poussera ses chances de réussir au maximum. Il passera ses examens et obtiendra son diplôme de médecine dentaire en 1951.

Les gens ne cessent de nous répéter de rester à notre place, de ne pas rêver, de ne pas sortir du petit sillon que les institutions ont tracé pour nous. « Tu ne peux pas tourner un film, tu ne l'as jamais fait ! » Une des leçons que j'ai tirées du Kid, c'est que tout est possible et qu'à force d'accomplir ce qui est difficile on risque de moins s'ennuyer.

Farouchement indépendant, le Kid ne laissait personne lui dicter sa ligne de vie. L'envie, l'incompréhension, la jalousie : il résistait plutôt bien à ces attaques toxiques. Devenir capitaine de son équipage à vingt-trois ans. Apprendre l'espagnol, l'anglais, l'allemand. S'initier à Internet à quatre-vingts ans. Évoluer à tout âge. S'étonner soi-même pour le plaisir. Éviter la comparaison avec les autres. Rire enfin ! Selon certaines sources, ses imitations du cardinal Léger faisaient se bidonner tout le monde. « Il avait appris plusieurs de ses homélies par cœur », se souvient Andrée Lachapelle, la femme de son ami dentiste Adélard Leblanc.

Abonné aux sensations fortes, il était surtout compétitif avec lui-même. Sa vitalité était son plus grand atout. Équitation, ski, musique, études, voyages. Ses champs d'intérêt ont toujours été variés. Et cet amoureux de l'encre et du papier bouquinera jusqu'à la fin. « La lecture est un excellent passe-temps quand on veut écouler le temps », écrivait-il à son neveu Serge, heureux de pouvoir trouver une forme d'exutoire entre deux couvertures, plongé dans l'intelligence d'un autre.

Après la guerre, conscient que le passé est un bagne de plus, il tâchera de ne pas trop s'attarder dans la tour du souvenir. Soif de vivre, philosophie humaniste, sophistication. La guerre lui avait donné beaucoup, mais les bombardements avaient aussi saboté sa jeunesse. Il acceptait la sentence. Il éprouvait même de la nostalgie pour le cyclone qu'il avait traversé.

Il lui arrivait souvent de revoir la tête du pilote allemand, celui qui s'était placé entre lui et le Junkers, de l'autre côté de la fenêtre du Lancaster. Il s'interrogeait. Qu'était-il devenu ?

L'HISTOIRE REVISITÉE

Durant la guerre, Harris leur a servi nombre de mensonges et de demi-vérités. Dégoûté, Coulombe croit néanmoins que ce salaud doit être salué pour sa contribution à la paix.

Le Kid a horreur de l'hiver. À Lachine, les lendemains de tempête de neige, il lui arrive de pelleter deux fois par jour. Ça le déprime.

De temps en temps, le Dr Coulombe s'offre une marche autour du lac Saint-Louis. À soixante et un ans, encore en forme, il pourrait faire le tour de l'île de Montréal au pas de course s'il le voulait. Ce matin-là, avec précaution pour ne pas se casser la gueule, il emprunte le trottoir glacé derrière l'immeuble locatif qui abrite sa résidence et sa clinique. Tournant le dos au pont Honoré-Mercier, il s'arrête au dépanneur. Devant le présentoir, son regard est attiré par ces mots : « Raid suicide sur Nuremberg ». En haut, à droite sur la couverture de la revue, un peu flou comme dans son souvenir, la silhouette d'un Lancaster.

Ce jour de février 1981, il saisit le magazine *Historia* et le feuillette rapidement. Quarante ans après les faits, le mensuel français publie le récit d'un ratage monumental. Ce bombardement catastrophique Coulombe y a participé. « Raid suicide sur Nuremberg ». L'article mentionne la route longue et dangereuse qu'on leur a fait prendre. Les briefings mensongers qu'on leur a servis. Les bulletins météo tronqués.

De retour chez lui, Roger Coulombe chausse ses lunettes. Il ouvre le magazine qu'il vient de se procurer. Muni d'un crayon, d'un marqueur et d'une règle, il commence par inscrire les renseignements sur son rôle au sein de ce « raid suicide » : « Le soir du 30 mars 1944, je volais à titre de pilote dans le bombardier Q-DS841 Lancaster II au-dessus de Nuremberg. C'était mon vingt-septième raid au-dessus de l'Allemagne et mon deuxième sur Nuremberg. Mon envolée a duré sept heures trente. »

Les chiffres, toujours les chiffres. Pour reconstituer les principaux éléments du puzzle, Coulombe s'efforce d'être méthodique. Le soir du 30 mars 1944, la flotte alliée alignait huit cent quarante-trois appareils. Parmi les aviateurs lancés à l'assaut de Nuremberg, il y avait cent dix-huit pilotes canadiens. Dans le ciel, le défilé de leurs bombardiers s'étirait sur cent cinq kilomètres.

Mauvais sort, il n'y avait pas un nuage. En voyant se pointer la lune étincelante au-dessus de son épaule, le Kid était resté estomaqué. « Pleine lune… absence de nuages… ciel parfaitement clair ! » s'était-il exclamé, incrédule, dans son *log book*.

Dans le carnet vert, il avait spécifié : « Nos bombardiers laissaient dans leur sillage des traînées de vapeur. Tout ce que les chasseurs allemands avaient à faire sur cette autoroute de malheur, c'était de nous rattraper et de nous abattre. Or des chasseurs de nuit, il y en avait tant et plus. Et je voyais mes camarades se faire éliminer comme des mouches… »

La pagaille. Les Lancaster et les Halifax culbutaient dans le néant « au rythme d'un avion par minute », établiront Dunmore et Carter dans *Reap the Whirlwind*, publié une douzaine d'années après les révélations relatées par *Historia*.

Le Bomber Command avait précipité cette attaque pour neutraliser l'armée de l'air allemande à la veille du débarquement. Le nom de code de cette opération ? « Fortitude ».

Conscient que la guerre se déplaçait hors de sa portée, Harris s'était comporté comme une bête fauve. Après moi, le déluge ! À ses conseillers, il n'avait pas caché que les bombardiers serviraient d'appâts vivants. Au dernier moment, ils bénéficieraient de la protection des Mosquitos, des avions à longue portée qu'on ferait intervenir de manière à neutraliser les Boches. Le problème, c'est que les Mosquitos n'étaient pas nombreux. Lune étincelante ? Absence de nuages ? Harris annulerait. Il avait promis. Sauf que, mégalo jusqu'au bout, le commodore s'était précipité droit devant. En dépit des sombres pronostics, il avait laissé son armée foncer vers l'Allemagne, et toute sa stratégie avait foiré.

Pour les forces alliées, décimées durant l'attaque, le bilan avait été terrible. Chez les aviateurs, le nombre de victimes atteignait le millier, contre seulement cent vingt-neuf du côté allemand. Le chef de la Luftwaffe, l'adipeux Hermann Göring, s'en était réjoui : « Nous avons infligé à l'ennemi la plus lourde défaite qu'il ait jamais connue dans ses attaques criminelles contre notre patrie bien-aimée. »

Cette nuit-là, Roger Coulombe avait miraculeusement échappé à la destruction. Il aurait dû être soulagé. Il ne l'était pas. Comme Saturne dans le tableau de Goya, le Bomber Command avait dévoré ses enfants. Le Kid avait beau se raisonner, se dire que c'était la guerre et se ressasser tout le jargon qu'on leur servait, ça ne passait plus. Par la suite, il tâcherait d'oublier. Hélas, l'oubli ne voulait pas de lui. Des images de cette nuit-là lui revenaient. Les éclaireurs, par exemple, qui devaient leur indiquer la cible et qui s'étaient pointés avec du retard. Les pilotes qui attendaient en survolant la ville en cercle et qui se faisaient tirer dessus sans pitié. Comment pardonner ça ?

Par la fenêtre de son bas de duplex à Lachine Coulombe suit des yeux les rayons du soleil qui se faufilent sur la neige entre deux branches de sapin, le magazine *Historia* toujours ouvert sur son bureau à la page du « Raid suicide sur Nuremberg ».

Pendant des années, le bilan de cette expédition calamiteuse est demeuré secret, enfoui sous des colonnes de chiffres, au milieu de dossiers restés confidentiels.

Ah ! le secret défendu par les politiques, quelle plaie ! Sir Arthur Harris, qui tenait à présenter ses objectifs au public anglais sans équivoque, avait pourtant réclamé une franchise totale durant la guerre.

Au ministère britannique de l'Aviation, on ne l'entendait pas de cette oreille. On l'avait empêché de jouer franc jeu. Résultat ? Quand les canons s'étaient tus, les gens s'étaient sentis trahis.

Par certains aspects, Harris était un révolutionnaire, un génie dans l'art de mener une guerre. Coulombe en était persuadé. Sommé de s'expliquer par la génération des baby-boomers, le vieux loup avait jeté un regard courroucé vers ses détracteurs. Il ne regrettait rien. Pas même les bavures des derniers mois, à Dresde notamment, qu'il n'appelait pas des bavures, mais des actes de guerre nécessaires. Cette justification avait fait scandale. Le vieux s'enlisait dans ses préjugés et ses privilèges. Personne ne pouvait prétendre le contraire.

La guerre terminée, les gens ont exigé que les discours soient amputés, que les médailles soient rangées dans les tiroirs. Ils ont accusé le Bomber Command d'avoir mené une campagne de terreur en leur nom, en oubliant à quelle menace cette agression répondait. L'incompréhension s'était amplifiée. Incapable de réconcilier son idée d'une guerre juste avec le demi-million de victimes parmi les civils du côté ennemi, le public anglais avait tourné le dos aux «héros» de la veille. Ces aviateurs britanniques, australiens, canadiens, américains que les dames anglaises avaient couverts d'attentions, vers lesquels les jeunes filles étaient accourues et que les hommes mûrs avaient recherchés comme gendres, tous ceux-là étaient à présent considérés comme des parias à l'enseigne de l'histoire revisitée.

Alors que leurs collègues de la bataille d'Angleterre croulaient sous les hommages (leur mérite ayant consisté à repousser l'invasion allemande en 1940-1941, non à attaquer l'ennemi par la suite), les vétérans du Bomber Command n'avaient eu droit à aucune reconnaissance publique. Ni statue ni mémorial. Harris lui-même avait vu son étoile pâlir à la suite de l'opprobre dont il faisait tout à coup l'objet.

Poussé dans les câbles, sa réputation en rondelles, l'ancien maréchal de l'air avait subi des attaques répétées de la part des médias. Churchill n'avait pas levé le petit doigt pour l'aider. Le Boucher savait que Churchill le laisserait tomber. Les guerriers n'ont pas d'amis.

La hargne éprouvée par les gens envers les monstres qui les ont protégés s'explique par la culpabilité. Un syndrome de Stockholm à l'envers. Quand nos vies sont menacées, nous courons nous abriter derrière nos protecteurs. Nous approuvons leurs stratégies, même les plus démentielles, dans le but d'être rassurés. Une fois le danger passé, nous avons honte de notre lâcheté. Alors, nous n'hésitons pas à piétiner ceux qui nous ont défendus.

Au fond, le Kid comprenait. Les gens n'arrivaient pas à accepter ce paradoxe, à se mettre dans le ciboulot qu'ils devaient leur démocratie chérie à une armée de gamins courageux aux cerveaux brûlés par la benzédrine et aux mains agitées de tics nerveux.

Il avait espéré mieux. Mais qu'est-ce qu'il s'était imaginé, au juste ? Une procession sous les confettis ? N'empêche, il n'avait pas prévu récolter autant de bleus à l'âme. Va pour un choc post-traumatique, mais est-ce qu'il fallait en plus se payer une pinte de désamour et de mépris ?

Et, pensait Coulombe, c'était bien dommage tous ces procès, car tôt ou tard la civilisation aurait besoin de types comme Harris pour survivre. Le Kid utilisait le mot « civilisation » comme aujourd'hui on dit « planète », « environnement », « humanité ». Les vétérans du Bomber Command en connaissaient suffisamment sur la fin du monde pour savoir que la paix peut sortir des mains d'un enragé. La loyauté étant un de leurs traits dominants, plusieurs ont tenu à s'incliner devant Harris une dernière fois. Des lettres ont été publiées dans les journaux pour rappeler son courage et sa détermination. L'ancien chef du Bomber Command s'est abstenu de réagir directement. Butcher Harris leur a cependant adressé un dernier salut dans ses mémoires.

« Il n'y a pas de mots pour rendre justice aux équipages qui ont combattu sous mes ordres, a-t-il écrit. On ne trouvera aucun parallèle dans la guerre à pareil courage et à semblable détermination face à un danger prolongé, un danger qui était parfois si grand qu'à peine un homme sur trois pouvait s'attendre à survivre à son service de trente opérations... En plus, c'était un courage des petites heures du matin, de la solitude, puisqu'un aviateur à son poste de combat se trouve seul, pratiquement. C'était le courage d'hommes qui vivaient dans l'appréhension continuelle, quotidienne, de repartir à l'assaut. »

QUE SONT MES AMIS DEVENUS ?

Les copains se sont dispersés, mais les vieilles blessures brûlent encore dans le cœur du guerrier.

Certains soirs, le Kid contemple les lueurs qui proviennent de la ville de Châteauguay, en face. La famille Mercier a déjà occupé l'une des grandes demeures patriciennes en bordure du lac. Son ami Jacques y est né, en 1917. Port altier, cheveux blond-roux rejetés vers l'arrière, moustache fine à la Clark Gable, l'étudiant en droit subjuguait par son charme et sa grande bonté. Jamais un mot contre qui que ce soit. La classe. Coulombe aurait souhaité échanger un peu de son sang bouillant contre la mansuétude de son copain d'entraînement. Peine perdue. Chaque jour, Jacques s'éloigne un peu plus de lui, comme si le lac Saint-Louis s'élargissait mystérieusement et qu'il ne restait plus que cette eau grise entre eux. Cette eau moirée qui s'écoule parfois trop lentement à son goût, c'est le temps qui fuit.

Toutes les gangs finissent par splitter. Le Kid n'a plus de nouvelles de personne. Ses mitrailleurs furibards ont-ils ployé l'échine sous les exigences du tribunal populaire ? On les veut repentants. Ont-ils cédé ?

Malgré le respect qu'il voue aux intellectuels, il n'a pas l'intention de se laisser gruger l'os par une bande de bien-pensants. Il persiste à se montrer fier de ce qu'il a accompli, de sa modeste contribution du côté des desperados de la guerre, une expression qui évoque sa lutte parallèle contre l'*establishment*, celle qu'il a menée contre les privilèges, du côté des sans-grades, des sans-papiers. On l'appelait « le Fils du diable », et ce n'était pas pour rien.

Diplômé de l'Université de Washington, il a ouvert son bureau d'orthodontiste passé l'âge de trente-cinq ans. Jusqu'à sa retraite, il a pratiqué la chirurgie en salle d'opération à l'hôpital Victoria, un établissement parmi les plus réputés de la ville de Montréal. Il n'est pas mécontent de sa réussite professionnelle. Le Berlin Kid ? Même à ceux qui n'ont jamais su qu'il avait participé à la guerre, il en imposait. Qu'est-ce que ça pouvait bien faire si les gens croyaient qu'un bombardier était une motoneige ? Au moins, le bidule fonctionnait avec un moteur et de l'essence. Pour le Lancaster, ses amis s'imaginaient que c'était une marque de polos, comme Lacoste. Il jurait la trouver bonne. Au fond, il s'en foutait. La nostalgie ne l'a jamais intéressé.

Il se défendait d'être devenu amer. D'accord, il s'était disputé avec son frère Armand au sujet de la politique et, en 1995, année du deuxième référendum, ils en sont presque venus aux mains. La maudite politique ! Quelle poutine ! Et qui pouvait se vanter de sortir indemne d'une discussion passionnée à propos de l'indépendance du Québec ? Son frère était un nationaliste pur et dur. Il s'était senti humilié par les chefs de l'état-major durant sa carrière comme chapelain dans l'armée canadienne. Graduellement, les discussions entre les deux frères s'étaient envenimées. Eux qui s'entendaient sur tout s'accusaient à présent mutuellement de trahison. Pour finir, ils s'étaient déchirés à propos de la religion catholique, que le Kid rejetait désormais en bloc. La foi et le pays, même les esprits les plus pacifiques trouvent dans ces matières motif à s'étriper. Leurs divergences ayant atteint un seuil intolérable, les septième et neuvième fils ont arrêté de se voir. Ils ne se reverront plus de leur vivant.

Pour passer le temps, Coulombe discute avec Stanley, son mitrailleur de la tour dorsale. Discussion imaginaire. Il n'a pas vu Stan depuis la fin de leur mission. Il repense souvent à celui qu'il appelait « Grand Frère ». Nom : MacKenzie. Prénom : Stanley. Combien de fois ce type lui avait-il sauvé la peau ? Son nez plat, ses yeux légèrement globuleux, ses pommettes saillantes, ses lèvres pleines et ses cheveux qu'il portait tirés vers l'arrière lui faisaient une tronche énigmatique, comme s'il s'était couvert les traits d'un masque africain. Étant donné son calme, il était difficile de l'imaginer derrière ses quatre fusils mitrailleurs en train de tirer comme un malade sur les chasseurs qui leur tournoyaient autour. Dans le crew, Stan agissait comme second navigateur ; il était indispensable. Et quand Coulombe ne pouvait plus se fier aux instruments (notamment quand l'indicateur d'équilibre ne fonctionnait plus), il laissait Stan le guider dans ses manœuvres pour atterrir. Des moments inoubliables.

Depuis quelque temps, Coulombe a du mal à maintenir sa tête hors du tourbillon du passé. Les soirs de scotch à Lachine, sans crier gare, il lui arrive de se sentir vieux. Son cœur cesse de battre, surtout quand il s'installe au piano. Si mi la ré… Une sorte de vague à l'âme. Il a envie de chialer. Autour de lui, les objets familiers disparaissent pour laisser place à une série d'éclairs. Un coup de vent et, soudain, une fenêtre claque. Il murmure : « Stan ? »

L'Anglais doit être grand-père aujourd'hui. Le genre de papi tendre, mais sachant se faire respecter. Quand les bouteilles sifflaient au-dessus de leurs têtes à Linton et que les poings se frayaient un chemin un peu trop leste jusque sur la gueule d'un autre, Stanley intervenait. « Stop, les boys. C'est le temps d'aller au pieu. » Forcé de mettre les points sur les « i », il foutait une baffe au plus agité d'entre eux, une petite baffe protectionniste, histoire de ramener le garçon à ses sens. Son bon caractère a sauvé l'équipage de bien des dérives. Depuis, aucune réunion, pas même un coup de fil. Un silence infernal.

Roger Coulombe farfouille dans son bureau pour trouver son vieux carnet d'adresses taché d'encre. Ses mains tavelées et légèrement déformées par l'arthrite dénichent facilement le nom qu'il cherche. Pour la première fois depuis presque quarante ans, il a l'intention d'entreprendre une correspondance avec l'un de ses anciens coéquipiers. Celui qu'il respecte le plus. Qu'il aime, peut-être, on peut dire ça. Il commence sa missive ainsi : « *Dear dear friend* ». Les larmes qui lui montent aux paupières ne l'empêchent pas d'achever sa lettre, qu'il fourre dans une enveloppe avant d'aller jeter le courrier dans une boîte postale non loin de chez lui.

Sa bouteille à la mer a pulvérisé ce qui lui restait de retenue. Comme un enfant qui s'excite à l'idée de Noël, son cœur s'emballe. D'ici un mois, deux peut-être, MacKenzie va surgir devant sa porte, vêtu d'un imperméable mastic, un chapeau en toile à la Frank Sinatra vissé sur la tête, des chaussures de daim aux pieds. Tout en essuyant la vaisselle, Coulombe poursuit son dialogue imaginaire : « En plein hiver, Stanley, des souliers de daim, *are you crazy* ? » Stan se penchera pour soulever sa valise et dira : « Mais qu'est-ce que tu attends, Bro, pour me laisser entrer ? » Coulombe range les tasses sur de petits crochets en métal. « Mais oui, où ai-je la tête ? » Il pense presque tout le temps à Stan, à son élégance étudiée, à son humour anglais. « Cher, cher ami, qu'es-tu devenu après tout ce temps ? »

Alors qu'il attend des nouvelles de MacKenzie, voilà qu'il reçoit une lettre de Terry Spakowski-Tremblay. Premier signe de sa part depuis la fin de la guerre. Et les nouvelles ne sont pas bonnes. Son mari, Gerry Tremblay, est mort. Foudroyé par un infarctus du myocarde. À cinquante-huit ans. Le 24 décembre 1981.

Coulombe range la lettre dans le premier tiroir de son secrétaire. D'accord, il ne fréquentait plus Gerry depuis longtemps. N'empêche, il est secoué. Son ancien navigateur a emprunté son dernier vol pour le dernier terrain vague. La veille de Noël, en plus. Quel fromage.

Le Kid ne supporte pas les morts, les cercueils, les cadavres. Penser à tous ces salauds qui lui font le coup de disparaître le met en rogne. Pendant des jours, il n'arrive pas à dormir.

Il ne répond pas à Terry. Pas tout de suite. Rancunier, Coulombe entretient toujours sa vieille rancœur à l'égard des mariés de février. Plus tard, il prétendra qu'il était en voyage. En réalité, il ne peut pas encaisser ce truc-là.

Gerry, son vieux pote. Après la guerre, ils se sont revus une fois, à Québec. Seuls. Teresa se trouvait en Angleterre avec leur fille cadette. Elle n'avait plus remis les pieds du côté de Liverpool depuis la fin de la guerre. Au cours de cet été 1957, le St. Helens' Reporter a réalisé une entrevue avec la fille d'immigrants polonais devenue Teresa Tremblay. Il s'agissait du journal qui s'était déplacé pour son mariage avec Gerry. Sans avoir l'air d'y toucher, Terry a pris sa revanche sur le destin : « Je suis très heureuse de revoir la famille, a-t-elle émis avec orgueil, mais je ne revivrais pas en Angleterre. Les gens ont une bien meilleure vie au Canada. »

À l'époque où le Kid et Gerry se sont revus, ce dernier n'en faisait pas mystère : il ne donnait pas cher de leur passé dans la jungle de métal hurlant. Il éprouvait des scrupules pour les atrocités commises durant la guerre. Des atrocités ?

Roger s'est emporté. Il ne supportait pas que le sens de leur mission soit souillé. Des copains étaient morts là-bas, et puis, il y avait son frère enterré en Allemagne. Gerry savait pour Roland, alors il s'est excusé. Il s'excusait pour tout. C'était fatigant, à la fin.

Par la suite, ils se sont évités. De toute façon, Terry et Gerry vivaient en autarcie. Ils s'étaient refermés comme des huîtres. Leurs propres enfants ignoraient jusqu'au moindre fait d'armes de leurs parents. « Gerry, tu as été décoré par le roi d'Angleterre en personne », plaidait Roger, qui avait éprouvé quelque jalousie dans le temps devant le coup du sort qui avait mis son navigateur en présence du souverain britannique alors que lui avait reçu sa médaille des mains d'un second couteau de la délégation canadienne. Mais le roi, Gerry s'en balançait complètement. Sa DFC, il l'avait fourrée au fond d'un tiroir. Fini. Ses souvenirs de la guerre resteraient cadenassés pendant plus d'un demi-siècle. Terry était aussi buté que lui. Coulombe ne comprenait pas ce déni. Et à présent, il était impossible de réparer les pots cassés. Il ne reverrait jamais plus Gerry.

Il pense aux copains, se demande comment Stan va réagir à la mort de Gerry. Ils pourraient peut-être aller au cimetière ensemble, faire un saut chez Terry, renouer connaissance, rencontrer les enfants. Dans sa lettre, la femme de Gerry lui adressait carrément une invitation.

Ce que le Kid ignore, c'est que Stanley est mort depuis 1967. À peine vingt ans après l'Armistice, le vieux copain a tiré sa révérence. Coulombe aurait été dévasté par l'annonce d'une telle disparition, mais ce qui l'aurait bouleversé peut-être davantage aurait été de savoir que Stan avait appelé son dernier fils Peter, en souvenir de leur danse au-dessus du gouffre à bord du Lancaster DS 707 P pour Peter, le 2 décembre 1943, raid coupe-gorge qui avait valu à Coulombe sa DFC. Né en 1947, Peter MacKenzie n'a pris connaissance de la symbolique de son prénom qu'en 2010, date où il a découvert les archives militaires de son père. C'est également en 2010 qu'est mort le Kid. « Personne dans la famille n'était au courant que mon grand-père avait volé avec l'aviation canadienne durant la guerre », dit Richard, le petit-fils de Stan. Le silence. Parce que c'est la seule chose qui les fait réellement penser à la guerre, les vieux soldats ne parlent pas.

COMMENT VIVRE ?

**Pour la première fois depuis longtemps,
il a l'impression d'être aimé.**

Le Kid possédait un monstre en lui qui l'épuisait. Comme une tortue sur l'asphalte en pleine canicule, il suffoquait. Trop orgueilleux pour admettre qu'il avait besoin d'aide, il s'était peu à peu isolé du reste de sa famille. À part Pierrette, il ne fréquentait plus personne parmi ses frères et sœurs.

Chaque jour depuis la fin de la guerre, il doit affronter l'enjeu du retour. Et comme un funambule au milieu de son numéro de prestidigitation, il se concentre pour rester encore quelques instants sur le fil. Solitude de l'artiste devant ses propres limites. Obstination de la part du gamin qui veut vaincre sa peur du vide. Il serre les poings. Il ne tombera pas.

Comment vivre ? Il a commencé par se gaver de diplômes. Un doctorat en médecine dentaire, puis une spécialité. Sept années à guerroyer dans les deux langues avec une matière indigeste, sans but précis, sinon de relever un défi de plus afin de rompre la solitude. Il a franchi le fil d'arrivée sans tambour ni trompette.

Son esprit encyclopédique l'a aidé à surmonter les épreuves. Il excelle dans tout, soutiennent ses amis. Entre ses activités professionnelles et ses nombreux passe-temps, il donne des petits concerts de piano dans les hôpitaux. Après la chute du mur de Berlin, il s'est mis à l'étude de l'allemand au moyen de cassettes. A-t-il l'intention de se payer une visite sur les lieux qu'il a bombardés ? Aucun signe d'un tel voyage dans ses papiers. « Pendant des années, toutefois, dit son neveu Serge, il s'est repassé ces cassettes, le plus souvent dans sa grosse berline, en route pour le centre d'équitation ou les pistes de ski. »

Il faisait des scènes. Mon père m'en avait parlé. Dans les bars, Coulombe pouvait envoyer valser tous les verres qui traînaient sur la table. Il criait. Il en voulait à Dieu de ses épaules étroites, de ses cinq pieds sept pouces. « Il se trouvait malingre et se plaignait de son corps d'insecte », m'a dit une de ses amies.

La guerre semblait à la fois si lointaine et si proche... Il y a bien eu quelques cérémonies, des banquets, et de temps en temps une réunion de vétérans avec des photos où il était le seul à ne pas avoir de cheveux blancs (il teignait les siens). Des accolades furtives qui lui faisaient un bien disproportionné. On disait : « C'est Roger Coulombe, vous savez, le dentiste qui a combattu les Allemands durant la guerre... » Plus personne ne prononçait le nom magique de Berlin Kid, jadis sur toutes les lèvres, comme un mantra. Pourtant, ce nom accrocheur, avec son côté *rock around the clock*, seyait bien à la fureur de vivre des années d'après-guerre.

Un jour, à un congrès de l'Association dentaire canadienne, son ami le docteur Adélard Leblanc s'est levé spontanément pour faire son éloge : « Savez-vous ce que ce gars a accompli durant la guerre ? Savez-vous qui est le Berlin Kid ? »

Un an plus tard, au cours d'une réunion semblable, quelqu'un lui a parlé d'un livre sur la guerre qui venait de paraître en anglais.

— Il y a le mot « brocoli » dans le titre. Enfin, c'est un livre sur la guerre.

Coulombe a fait semblant de s'intéresser aux propos de la personne.

— Ah oui, il y en a plein, des livres sur la guerre.

— Celui-là, dit l'autre, porte sur les aviateurs canadiens qui ont combattu durant la guerre des bombardements contre l'Allemagne.

— Sur nous autres ? Tu me niaises !

— Ben non. Ce livre, qui s'appelle « brocoli » ou je ne sais trop quoi, eh bien, on parle de toi dedans.

— De moi ? Coulombe a eu un mouvement de recul. Il n'aimait pas trop qu'on parle de lui sans sa permission, surtout quand il était question de la guerre.

Sur le coup, il s'est imaginé toutes sortes de choses. Sait-on jamais ? S'il y a libelle, il attaquera l'auteur en justice. Ça coûtera ce que ça coûtera. Finalement, il a pigé le titre. C'était *Boys, Bombs and Brussels Sprouts* (*Bombes, aviateurs et choux de Bruxelles*), de J. Douglas Harvey, un pilote qui avait servi dans l'aviation en même temps que Coulombe à Linton. Il se souvenait de Doug. Un Ontarien, qui était pilote avec les Goose.

Il a adressé une requête à la maison d'édition de Toronto pour qu'on lui poste l'ouvrage avec « choux de Bruxelles » dans le titre.

Au moins quinze jours, que ça a pris. Puis, le bouquin a atterri devant sa porte.

En lisant la note de présentation sur la quatrième de couverture, le Kid est agacé : « Le récit le plus drôle, le plus enlevé et le plus touchant de la Deuxième Guerre mondiale que vous allez lire de votre vie ! » Mon Dieu que c'est vulgaire ! Leur belle et terrible aventure agencée comme un numéro de cirque !

Au bout de quelques minutes, il trouve le passage où l'auteur parle de lui. Après une première lecture, une drôle d'émotion l'envahit. Il prend la peine de relire les trois paragraphes. Doug lui rend hommage. L'ancien pilote le décrit comme un type bien qui avait des couilles et du bon sens. Il mentionne la fois où cette ordure de commandant lui a suggéré d'aller se faire tuer à sa place. Le Kid a un vague souvenir de ce brasse-camarade sur la piste de Linton, la neige, le brouillard, mais l'anecdote s'est presque effacée de son disque dur. Il n'a jamais ressenti la moindre fierté pour son acte de défi. Au contraire, son geste d'impertinence lui est resté coincé dans la gorge. Comme un os de poulet.

Il réfléchit. Harvey a fini big shot dans l'Aviation royale canadienne à Toronto. Il a attendu de prendre sa retraite pour publier ce récit qui, au final, n'est pas mal du tout. Il a évité la langue de bois pour présenter les choses qu'ils ont vécues, de manière à se faire comprendre du grand public. Pas très différent de sa propre méthode lorsqu'il tentait d'articuler pour sa famille le sens de sa mission par l'intermédiaire de son journal de bord, mais il doit admettre que Doug a pas mal plus d'humour que lui.

Le Berlin Kid se prépare un cocktail, revient à son bureau, surligne avec son marqueur les passages où Doug parle de lui. Se voir mentionné sous la plume de Harvey le délivre d'un poids. Après tout, si Doug l'écrit, il doit le croire : il s'est comporté comme un homme durant la guerre. Peut-être même comme un héros. Pour la première fois, il a l'impression que la guerre lui est rendue.

LE VENT TOURNE

**Quand on est un has been et qu'on a l'occasion
de se faire valoir, il faut foncer.**

À l'automne 1990, le téléphone sonne dans le logement de Roger Coulombe, boulevard Saint-Joseph, à Lachine.

— Mister Coulombe ?

— Lui-même.

— Je parle bien au Berlin Kid ?

Ce nom, ces trois syllabes qui constituent son nom de guerre, scintille dans sa tête comme un néon sur la marquise d'un théâtre. Il sent son cœur s'emballer. Pour ne pas trahir son émotion, il s'efforce d'adopter un ton décontracté, légèrement ennuyé :

— Oh! vous savez, il y a des années qu'on ne m'appelle plus comme ça…

— Monsieur Coulombe, je prépare un livre sur les aviateurs du 6e Groupe canadien qui ont participé à la campagne de bombardement sur l'Allemagne durant la Seconde Guerre mondiale. Est-ce que vous accepteriez de répondre à mes questions ?

Quand on est un has been, on peut être tenté de se jeter sur la moindre main tendue comme un oiseau affamé sur une miette de pain. À l'inverse, il se peut que cette attention subite arrive trop tard, au point de susciter la colère. Incontrôlable à ses heures, Coulombe pourrait proférer une insulte à l'endroit de l'inconnu avant de lui raccrocher au nez. Il s'en garde bien. Malgré son âge relativement avancé, il est encore capable de flairer une occase. Pressentant l'odeur enivrante du come-back, il compte se ménager les faveurs du plumitif et, il décide de participer. Il accepte de répondre à toutes les questions.

Se montre-t-il trop zélé ? Il tape ses observations à la machine et aligne par ordre chronologique tous les renseignements susceptibles d'intéresser les auteurs de l'ouvrage en préparation. Évidemment, il est incapable de prédire les résultats de sa petite danse du ventre. La vie est une loterie. À la publication du livre, cependant, il comprend qu'il a gagné son pari. Le Berlin Kid remonte sur le podium, et les aviateurs du Bomber Command peuvent enfin sortir du foutoir où ils sont détenus depuis des lustres.

Publié en 1991 chez McClelland & Stuart, à Toronto, *Reap the Whirlwind* rétablit la réputation des aviateurs canadiens qui ont servi durant la campagne de bombardement de la Deuxième Guerre mondiale. Ses auteurs, Spencer Dunmore et William Carter, sont des historiens patentés qui s'appuient sur une documentation rigoureuse et des dizaines d'entrevues. Leur ouvrage ne se contente pas d'acclamer le courage des équipages lancés à pleine épouvante sur l'Allemagne entre 1942 et 1945 ; il rappelle, si c'était nécessaire, le rôle déterminant qu'a joué la branche canadienne du Bomber Command dans l'issue de la guerre et la défaite de l'Allemagne de Hitler. Après cinquante ans de solitude, l'heure de la vérité a sonné.

« *The tenacious Roger Coulombe of Montmagny, Quebec...* » Reconnu pour sa ténacité, le Kid est présenté comme l'un des protagonistes du conflit. Le portrait pris chez Harrods où il figure coiffé de sa casquette d'officier est inclus dans le cahier de photos au centre du volume.

Avant de donner son témoignage, Coulombe a relu son carnet de bord. Consciencieux, il a détaillé ses sorties les plus ébouriffantes pour les livrer aux auteurs en temps réel. À Dunmore, il décrit la tête du pilote allemand comme il l'a aperçue en pleine bataille de l'autre côté du pare-brise de son bombardier. Respectueux, les auteurs ont reproduit sa déposition. Au surplus, ils n'ont pas manqué de souligner sa réussite professionnelle comme chirurgien-dentiste et orthodontiste à Lachine.

Sa mémoire est sollicitée, son intelligence est appréciée, ses avis sont écoutés. Coulombe en profite pour déplorer le peu de reconnaissance que ses compagnons et lui ont obtenu depuis cinquante ans. «Nos dirigeants politiques se comportent toujours comme si les aviateurs canadiens n'avaient jamais existé», confie-t-il aux auteurs de *Reap the Whirlwind*. Invité à préciser sa pensée, il ajoute: «Quand avez-vous vu un aviateur être honoré dans ce pays? Même le jour de l'Armistice, il n'y a rien. Le gouvernement a créé l'Ordre du Canada pour honorer les artistes, la communauté des affaires, les personnalités politiques, mais pour les vétérans de guerre, rien!»

Contre toute attente pour ce genre d'ouvrage, *Reap the Whirlwind* se classe parmi les best-sellers au Canada. Critiques unanimes. Concert d'éloges. En pleine guerre du Golfe, l'anglosphère se passionne pour les survivants de la guerre des bombardements, ces Brylcream Boys dont les rangs se dépeuplent rapidement.

Est-ce Dieu possible? Le vent tourne. On dit à Roger que d'autres auteurs s'apprêtent à le contacter pour étoffer leurs recherches. Il accueille cette soudaine attention non pas comme un dû, mais comme un devoir. Il s'en ouvre à l'un de ses correspondants britanniques : « Quand quelqu'un se donne la peine d'entreprendre une recherche, de se payer tout le travail qu'exige la rédaction d'un livre sur un épisode de la Seconde Guerre mondiale, il mérite de recevoir de l'aide, en particulier de ceux qui ont combattu dans cette guerre, qui sont capables d'aider et qui sont encore en vie. »

Âgé de quatre-vingts ans en l'an 2000, le Kid compte parmi les derniers à pouvoir témoigner. Avant que le souvenir de leur caravelle d'acier soit complètement englouti, il tient à jeter une dernière fusée éclairante dans le paysage. Pour s'assurer d'avoir tous les éléments en main, il demande que les documents contenus dans son dossier militaire lui soient envoyés. Vieux réflexe d'obsessif-compulsif. Il a l'impression d'écrire son livre par plumes interposées. Et il s'adresse à la postérité : « Regardez, camarades humains ! Regardez le feu de notre puissance ! Regardez la lune sur le flanc de nos embarcations ! Regardez le pilote effectuer le saut de l'ange ! Regardez le visage du camarade allemand ! »

Les auteurs apprécient sa disponibilité. « Votre mémoire est si aiguisée ! Accepteriez-vous que je vous envoie mes questions au fur et à mesure que le livre avance ? »

Avec certains d'entre eux, une intimité s'installe. On s'échange des vœux à l'occasion des fêtes de fin d'année, on s'informe de la santé des rejetons, on prend des nouvelles de la famille. « Ma femme et moi sommes devenus grands-parents pour la première fois », lui écrit Richard Knott dans un courriel depuis Bath, en Angleterre. Coulombe lui adresse aussitôt ses félicitations.

Le Kid inspire confiance, mais ne se départit pas de sa réserve pour autant. Vieux réflexe de funambule. Jamais il ne baisse la garde. Il ne mentionne pas Roland.

De son côté, Knott se rappelle à la dernière minute qu'il a oublié de l'interroger sur Gerry. « Votre navigateur, est-ce qu'il a survécu ? Vous êtes-vous revus ? Qu'est-il devenu ? »

Le gars de Limoilou est mort vingt-cinq ans plus tôt. Roger s'empresse d'en informer son correspondant. « C'est comme si j'avais perdu un frère… », dit-il, puis il ajoute : « Il a eu quatre ou cinq enfants. Il avait épousé une fille naturalisée anglaise. Je ne sais même pas si elle est encore en vie. »

Le Kid ne prend pas la peine de nommer Terry. Toujours sa vieille rancœur. À une époque où les femmes étaient reléguées aux tâches congrues et aux rôles de second plan, la future madame Tremblay ne s'en laissait pas facilement imposer. Pour cette raison, il la voyait peut-être comme une rivale.

Il la craignait, ça, c'est certain. Sans doute l'admirait-il aussi. Émotions contradictoires qui trahissent peut-être un manque de maturité et son incapacité à s'intéresser vraiment à qui que ce soit d'autre que lui-même. « Je t'ai toujours aimée beaucoup, aussi parce que tu étais la femme de Gerry et que tu étais l'amie de tous les membres du crew », lui a-t-il écrit de façon tarabiscotée quand il a appris la mort de Gerry deux décennies auparavant. Dans la même lettre, il lui a promis d'aller la voir à Québec et de faire connaissance avec ses enfants. Sans surprise, ce rendez-vous n'a pas été honoré. Le Kid n'a jamais eu l'intention de replanter ses yeux dans ceux de Terry. Il n'est pas allé à Québec.

À présent, semble-t-il dire, tout cela a peu de prise sur lui. Il est vieux et, après une opération ratée pour les cataractes (il attend une deuxième intervention), il ne voit pratiquement plus. À tout prendre, il apprécie son rôle de guide aveugle dans la caverne de l'Histoire où sont projetées les images vacillantes d'une guerre en partie oubliée. Lui seul est en mesure de dérouler le fil ténu de leur aventure, de l'enrouler autour de son petit doigt pour la faire réapparaître en pleine lumière. Le Kid manœuvre son projecteur invisible et s'en tire presque aussi bien qu'à la barre de son avion.

Les honneurs continuent de pleuvoir sur lui. Le 26 novembre 2003, à l'âge de quatre-vingt-trois ans, il est intronisé au Panthéon de l'Air et de l'Espace du Québec. « Tu es véritablement l'un des héros les plus remarquables de la Deuxième Guerre mondiale », déclare son ancien commandant William Swetman dans une lettre lue à cette occasion. Incapable d'assister à la cérémonie, Swetman a fait parvenir son mot de Toronto.

Durant tout ce temps, le Kid lit les bouquins auxquels il s'est plu à collaborer. Certains lui sont adressés avec une dédicace. Suivant son rituel, il s'installe stylo en main, l'ouvrage tout neuf ouvert devant lui. « Je viens de terminer un livre de cinq cent quarante-quatre pages qui traite des aviateurs canadiens durant la Deuxième Guerre mondiale », écrit-il à son neveu Serge, en mai 2006. « L'auteur, David L.

Bashow, me mentionne et me cite abondamment, poursuit-il. Comme son texte m'est toujours favorable, ça ne me déplaît pas du tout. »

OÙ EST LE TRÉMA?...
LE TRAUMA?

*Le monde court à sa perte. Malgré tout,
le Kid trouve le moyen de s'émerveiller devant
l'habileté de sa sœur, octogénaire comme lui,
à « se tricoter des chandails compliqués ».*

On peut dire qu'il s'est plutôt bien adapté au monde dans lequel il vit, le Berlin Kid. Soixante ans après son dernier raid au-dessus de la capitale allemande, il se débrouille à l'ordinateur, écoute des enregistrements sur son iPod et conduit sa voiture.

Il estime avoir trouvé un équilibre.

Mais il y a encore trop de phénomènes qui l'inquiètent et de cauchemars qui le hantent pour qu'il puisse espérer toucher la sérénité avant sa mort. Dans son bungalow de Lachine, avec le Steinway de concert assoupi au fond de la pièce comme un gros chien noir, le Kid voit se profiler la fin des temps. Est-il comme certains hurluberlus qui confondent leur disparition avec celle de la civilisation entière?

C'est possible. La chute du mur de Berlin ne lui a pas procuré la joie à laquelle il aurait pu s'attendre. Il se méfie. Tôt ou tard, l'humanité devra affronter le retour des chacals. Et tandis que les citoyens auront les yeux rivés sur un match à la télé, les maîtres du monde s'affaireront à ériger des barbelés pour les asservir de nouveau.

Les matins sont pénibles. Aux informations, George W. Bush invoque la présence d'armes de destruction massive en Irak pour justifier l'invasion de ce pays. Coulombe est inquiet. À sa nièce Marie-Michèle Boulet, il confesse sa haine de ces « hommes politiques hypocrites, menteurs et malfaisants qui se présentent comme des hommes de prière et de méditation ».

Il dévore les journaux comme on avale un alcool fort. Pour s'enivrer. Chaque dérive planétaire est une insulte personnelle. Renversé par la façon dont les Américains se comportent avec les prisonniers de la geôle d'Abou Ghraib en Irak, il invoque le code d'honneur militaire pour faire échec à de telles dérives : « Sans l'honneur, comment pouvons-nous exiger de la part de soldats au combat qu'ils sacrifient leur propre vie et acceptent volontairement tous les risques et les difficultés qui leur seront demandés ? »

Il repense avec nostalgie à la droiture, au courage et à la loyauté de ceux qui ont combattu pour libérer l'Europe entre 1941 et 1945. « Je tremble à la pensée que des armées qui ont reçu tant de respect au cours de la Deuxième Guerre mondiale puissent être déshonorées par une faction [il fait toujours référence à Abou Ghraib] qui s'est appliquée à imiter ce que les nazis ont infligé à leurs prisonniers dans leurs infâmes camps de concentration. Cela me met en colère et me rend très triste aussi... »

Célibataire hyperactif, le Kid nourrit des vies parallèles propulsées par son besoin de créer, de transgresser, de relever des défis. L'être humain ne peut pas décemment survivre sans recréer ce qu'il a vécu, surtout lorsqu'il est passé par un tsunami comme la guerre. À l'aise dans le monde de la pensée,

Coulombe a préservé sa capacité de s'émerveiller et, malgré tout, il ne se gêne pas pour s'exclamer de plaisir devant une couronne de Noël ou devant l'habileté de sa sœur Pierrette, octogénaire comme lui, à « se tricoter des chandails compliqués ».

On trouve la même fantaisie dans les formules cryptées qu'il utilise pour s'identifier. Son adresse Internet, rocoul@videotron.ca, semble lever le voile sur sa vie amoureuse, mais sans rien révéler. Une adresse subséquente ne l'identifie-t-elle pas comme un jeune homme fringant ? Avoir quatre-vingts ans et recevoir son courrier à Youngfellow@sympatico.ca, c'est plutôt rigolo.

Il a des chouchous. Parmi ceux-ci, sa nièce Marie-Michèle Boulet, qui est directrice d'un laboratoire de musique numérique à l'Université Laval. Délicate, dotée d'yeux globuleux et d'un grand front intelligent, elle appartient au cercle raréfié des prodiges. Détentrice d'un doctorat en technologie éducative et de trois maîtrises (dont un MBA), elle est aussi saxophoniste de talent, enseignante, réalisatrice radio, historienne et communicatrice.

Le Kid est fier des accomplissements de sa nièce – qui mourra quelques semaines avant lui, à l'âge de cinquante-cinq ans. Conscient du génie de la jeune femme, peut-être s'identifie-t-il un peu à elle. « Tu as tellement de talent. Je te trouve savante et cultivée », lui écrit-il en 2005.

Tous les matins, il continue à lever des haltères pesants dans sa salle de gym au sous-sol de sa maison. Il écoute les grands opéras italiens, en préparant le café. Sa soprano préférée ? La Callas, dont il connaît tous les arias et qu'il accompagne en chantant avec elle la Norma de Bellini. Il continue de pratiquer Chopin, mais il attend que le locataire du haut soit sorti, car celui-ci s'est déclaré incommodé par le piano.

Aussi incroyable que ça puisse paraître, celui qu'on appelait « le Fils du diable » durant la guerre s'incline devant les exigences d'un voisin mélophobe.

Malgré ses cataractes, le Kid s'accroche aux dernières lueurs de la civilisation Gutenberg. En 2005, il dévore le Traité d'athéologie du Français Michel Onfray, livre qui s'applique à montrer comment les religions, surtout les trois monothéistes, reposent sur des rhétoriques mensongères et absurdes.

« La religion est une supercherie », tonne-t-il dans un courriel à sa nièce. En vieillissant, Roger Coulombe n'a de cesse de s'indigner. Contre l'état du monde, la « météo exécrable », le « maudit hiver », le « courrier-escargot-postal », « les erreurs médicales créées de toutes pièces » et les incompétents patentés « dans tous les secteurs professionnels ».

Parfois, il se revoit à vingt-trois ans, dans son bombardier couvert de neige, en train de rembarrer le commandant anglais qui veut l'envoyer au casse-pipe à sa place. « Après vous, mon cher. » Il n'arrive toujours pas à se pardonner la mort de son frère Roland, mais il s'est tenu debout. Et personne n'aurait pu vivre sa vie à sa place.

Depuis qu'il a ouvert son bureau de dentiste au milieu des années 1950, autant que je puisse en juger, il a vécu seul. Je ne suis jamais parvenue à élucider si le célibat était un choix pour cet homme blessé psychologiquement ou le fruit d'une incapacité ou d'un rejet. Si célibat il y a eu. Certains sont convaincus qu'il était gai. Avait-il un compagnon ? Dans son entourage, on n'a jamais voulu répondre à cette question.

« Il est temps de disparaître », expose-t-il à sa nièce moins de dix-huit mois avant sa mort à l'hôpital des vétérans de Sainte-Anne-de-Bellevue. D'ici là, il aimerait trouver le tréma sur son ordinateur. Il implore sa nièce : « Comment obtiens-tu le tréma ? » Aucune directive ne lui étant parvenue, il planche sur le problème pendant des heures. Les Fêtes passent sans qu'il parvienne à repérer le foutu tréma pour le poser sur le « e » de « Noël ». « Comme tu vois, écrit-il pince-sans-rire à sa nièce, je n'ai pas encore trouvé le tréma. »

Au soir de sa vie, un vieil homme, héros de la guerre qui a façonné nos existences jusqu'à maintenant, tente de mettre de l'ordre dans ses pensées. Le tréma lui échappe. Le trauma ?

C'est un fait qu'il existe au Québec au moins une génération d'hommes, nés avant les années 1950 et même après, qui ont subi, durant l'enfance et l'adolescence, des agressions sexuelles de la part de membres du clergé catholique qui exerçaient l'autorité en ce pays (en particulier dans les écoles et les pensionnats). Pour les victimes, impossible de dénoncer ces actes. Ils n'avaient d'autre choix que de se taire. De toute façon, personne ne voulait les croire.

Y aurait-il eu chez le Kid une volonté inconsciente de troquer un traumatisme contre un autre en se précipitant sur les armes à vingt ans pour ainsi fuir un mal pire que le feu ennemi ? Le héros n'est peut-être que cela : un être qui s'accorde la liberté de choisir son trauma. À la silhouette d'un prêtre abusif on substitue celle d'un canon de 88 mm.

Avant les chocs de la guerre, il y a ceux de l'enfance, qui sont souvent les pires. On peut les enterrer sous une carcasse d'avion en fusion, les pleurer en même temps que la mort d'un camarade, mais jamais ils ne s'en vont. Ils vous tuent définitivement dès que le silence se fait autour de vous.

Nuit après nuit, à Lachine, incapable de se rendormir, le vétéran de près de quatre-vingt-dix ans va brancher la bouilloire. Tire du tiroir de la table de nuit le manuscrit que son ami Knott lui a envoyé par courriel et qu'il a imprimé. « Je vais vous lire de nouveau, disait-il, car cela m'aide à passer à travers. » Aux premières lueurs de l'aube, soulagé, il lui arrive de pleurer. Vieil homme en proie aux cauchemars, à l'heure où le jour hésite à se lever.

S'il était né à une époque plus clémente, il aurait pu chercher de l'aide, s'investir dans l'art autrement qu'en amateur soucieux de bien paraître, troquer les pourfendeurs de Dieu contre Freud. Il était trop tard, dans le sens où certains courages ne sont efficaces qu'à un certain âge, à une certaine époque. Roger Coulombe, qui faisait tout bien, n'est jamais parvenu à trouver la paix.

NON, J'IRAI PAS À MONTMAGNY

Mon père me recommande-t-il d'écrire sur le Berlin Kid ? Davantage par réflexe que par devoir, j'ai transcrit ses paroles sur la page de garde du roman que je lisais.

Mon père était à l'agonie. La veille, la direction de l'hôpital où il se trouvait depuis deux mois avait invoqué la lutte contre l'épidémie de grippe H1N1 pour se débarrasser de lui. Il avait été transporté dans un centre d'hébergement flambant neuf de l'avenue Painchaud, à Québec. L'édifice sentait encore la peinture. Lâchés dans cet univers, des préposés sans qualifications marchaient sans but. Ils ne parlaient ni français ni anglais.

God était à demi inconscient. J'avais engagé un « ange gardien » qui devait commencer son quart le lundi. J'étais plutôt rassurée quand j'ai quitté mon père le samedi pour le week-end. Qu'est-ce qui m'a empêchée de rester un peu plus longtemps, de lui parler encore, alors qu'il était possible de le faire ? Quelques minutes avant mon départ, un homme est venu refaire le lit. D'un geste brusque, il a retiré la chemise du malade. J'étais choquée. Je n'avais jamais vu mon père nu. Il est mort le lendemain, seul face à la fenêtre, dans une chambre de style Holiday Inn, au bout d'un couloir.

J'ai rédigé sa nécro pour le journal. Maladroitement, mais décidée à pondre un truc qui lui ferait honneur. Avant publication, j'ai envoyé le texte au notaire. Puis, je suis sortie. Quand je suis rentrée, son message m'attendait sur le répondeur : « Partie comme vous êtes là, votre nécro va coûter une fortune à la succession. »

Je n'avais pas de larmes. J'ai laissé couler les mots. « Homme de territoire, il était profondément attaché aux gens, aux arbres, aux rivières d'un pays nordique qui, pour lui, était dépourvu de frontières. »

Je voulais évoquer le jeune conquérant, mais aussi le vieux loup, devenu tout à coup littéraire. « Il avait profité de sa retraite pour relire ses classiques, les romans de Victor Hugo dont il ne se lassait jamais… »

Le lecteur se souviendra que l'auteur des *Misérables* était un favori du Kid. Je n'avais pas établi le lien à l'époque. Quelques années avant sa mort, mon père revisitait la bibliothèque du Kid.

Mon père était un gaucher contrarié. Ça n'explique pas tout, bien entendu, mais on sait aujourd'hui à quel sentiment d'inadéquation ces « mauvaises mains » étaient promises. Contraint de se servir de sa « bonne main » pour manger, écrire, penser, jouer, God avait été forcé de se bâtir une personnalité de droitier en dépit des dispositions de son cerveau. À la Faculté de médecine dentaire, où la dextérité manuelle jouait un rôle de premier plan, il a dû se sentir maladroit.

Je me souviens d'une photo de lui en joueur de hockey avant la guerre. Il doit avoir quatorze ans. Au milieu de son équipe, il est le seul à tenir son bâton de la main gauche. Il est également le plus petit et le seul qui rigole franchement. Gaucher des deux mains, il a très tôt appris à surmonter son handicap, surtout dans les occasions où il devait monter au but.

L'université (toute institution scolaire, en fait) a sans doute été son cauchemar. Est-ce pour cette raison qu'en dépit de son ambition pour nous, ses enfants, il ne nous a jamais vraiment encouragés à poursuivre des études supérieures ?

Côtoyer l'ancien pilote de guerre, « tellement bon en tout », a pu lui donner des complexes. Ça serait mal le connaître toutefois. Godefroy se plaisait dans la compagnie des gens qui l'épataient. Il ne cachait jamais son admiration à l'égard de ces hommes qui l'inspiraient. Au rang de ses héros tardifs, les prospecteurs, les bûcherons, les explorateurs, les cow-boys, les chasseurs, les sportifs qu'il croisait tous les jours dans le Nord.

Dans les années 1990, au moment où le Kid donnait des entrevues sur sa guerre aux historiens militaires, mon père parcourait l'Abitibi (l'Abitibi de son temps, celle qui incluait les districts autour du lac Mistassini) à la recherche de « pionniers authentiques ». Ensuite, il rédigeait une mini-biographie de ces personnages pour le journal local. Depuis sa retraite, il mettait son talent de raconteur au service de ces légendes inconnues qu'il souhaitait amener pour quelques instants sous la lumière des projecteurs.

Il citait presque toujours La Légende des siècles, de Victor Hugo, en exergue de son papier. Puis, il annonçait son sujet, par exemple « Roméo Carbonneau : profil d'un homme courageux ». Son héros du jour avait été bûcheron, voyageur itinérant, conducteur de camion et cook dans les chantiers. Dans La Sentinelle du 31 août 1993, il a signé un portrait drôle et pétillant de cet homme, qui débutait par ces mots : « Roméo Carbonneau n'a jamais connu la peur… »

À l'hôpital, quelques semaines avant sa mort, dans l'état de semi-conscience qui était le sien, j'ai noté sur la page de garde du livre que je lisais les vingt-trois secondes de pause respiratoire qu'il avait observées et que j'avais comptées à ma montre. Lorsqu'il a ouvert les yeux quelques secondes plus tard, ç'a été pour prononcer ces mots d'une voix forte : « Non, j'irai pas à Montmagny. » J'avais toujours mon stylo à la main. Davantage par réflexe que par devoir, j'ai aussitôt transcrit ses paroles. Sinon, je les aurais oubliées.

Mon père associait les gens au territoire qui coulait dans leurs veines. Au téléphone, il s'identifiait au district dans lequel nous habitions. « Bonjour, c'est Mistassini ! » Le Kid avait grandi à Montmagny. Le pays fluvial était soudé à son identité.

Nous n'avions pas parlé du Kid depuis longtemps. Je n'avais donc aucune raison d'établir un lien entre le pilote de guerre et ces dernières paroles sur un sujet que nous n'avions jamais complètement vidé. À quoi pensait-il ? Voulait-il me rappeler toutes les fois où il m'avait incité à m'intéresser à lui ?

En Abitibi, où ils participaient tous les deux à une clinique de la Croix-Rouge durant l'été 1951, mon père a peut-être découvert un côté moins aimable de son idole. Le Kid, on le sait, pouvait se montrer cruel. La guerre l'avait abîmé. Après avoir séduit un admirateur, il s'appliquait souvent à l'humilier.

Or God, pour le dire poliment, ne s'était pas classé parmi les premiers de sa classe à l'université, une contre-performance qui le mortifiait sans doute et qui était due au fait qu'il avait été forcé toute sa vie de se servir du lobe de son cerveau possédant le moins d'habiletés sur le plan de l'apprentissage. De son côté, le Kid était un surdoué. À la veille de poursuivre sa spécialité aux États-Unis, il a pu narguer mon père au sujet de ses piètres performances académiques.

On découvre la vraie nature d'un être lorsqu'on se trouve en compagnie de cette personne au milieu de nulle part avec, pour seules distractions, les poissons et les maringouins. Le Kid avait l'habitude des milieux hostiles. Mon père, beaucoup moins. En plein bois pour trois mois, avec l'impossibilité de s'échapper, la table était mise pour quelques remarques perfides et des abus potentiels.

Mon père était un être enjoué, fantaisiste et débordant d'énergie, mais il ne supportait pas d'être traité avec mépris. Devant les sarcasmes de Coulombe, il a réagi à peu près comme Gérard Tremblay, fatigué d'être à la merci de son capitaine dans le *cockpit*. Il a rompu avec le Kid et a couru se mettre à l'abri dans le mariage.

Mais il ne pouvait se résoudre à laisser filer une bonne histoire. Il aimait trop les chevaliers et les gangsters, les guerriers et les âmes damnées. Il m'a donc mise sur la piste de son pilote de guerre, sans boussole ni indications, en me laissant me débrouiller. Puis, aux portes de l'agonie, juste avant de s'éclipser, sans se raviser tout à fait, il a eu pour moi ces paroles sublimes : « Vas-y, à Montmagny ; moi, je ne pourrai pas. » La douleur était là.

Je revoyais mes parents, notre vie en région éloignée, les croyances que j'avais adoptées, les écrivains que j'avais aimés, les frères inconnus que j'avais bercés, et penser que tout ça était relié au Kid me laissait sans voix. Pendant un instant, la guerre était oubliée. Ne restait que cette vie d'aventurier que mon père « chérissait et pour laquelle, avais-je écrit dans sa nécro, il avait lutté de toutes ses forces jusqu'aux derniers instants ».

Et lui, s'il avait décidé d'écrire un livre sur son ami le Kid, quel titre lui aurait-il donné ? Portrait d'un homme téméraire ?

STAYIN' ALIVE

**À Londres, un mémorial est élevé
pour commémorer le courage des aviateurs
du Bomber Command.**

À l'hôpital des vétérans de Sainte-Anne-de-Bellevue depuis deux semaines, Roger Coulombe n'avait pratiquement pas desserré les lèvres. À peine faisait-il quelques signes pour demander de l'eau ou un plateau de nourriture. Dans le paysage dévasté de l'Occident aux abois, il refusait de collaborer. Laissez-moi mourir comme un chien, je ne veux pas de votre pitié. Les rats avaient gagné la partie. Ces petits rongeurs porteurs de la peste s'étaient frayé un chemin jusqu'à lui et, à présent, ils se disputaient son cadavre. Il les entendait ricaner dans son dos. La guerre était une bénédiction si on la comparait à cette torture. À bien y penser, il aurait été préférable que le pilote allemand l'achève cette nuit-là. En signe de gratitude, le Kid lui aurait adressé un adieu de la main avant de plonger, dévoré par son Lancaster fumant. Voilà comment un homme devait mourir. Aux commandes de son avion, en adressant un salut à son assassin.

Le passage du temps n'a pas que des effets négatifs. Avant son hospitalisation, Roger Coulombe avait eu vent d'une campagne de souscription destinée à ériger un monument en mémoire des équipages qui avaient combattu sous les ordres du Bomber Command. En quelques mois, une première somme d'un million de livres sterling avait été recueillie à Londres pour honorer le courage de gars comme son frère Roland. Le chanteur des Bee Gees, Robin Gibb, se démenait comme un tigre pour trouver les fonds. Une construction serait élevée tout près de Buckingham Palace, en hommage aux 53 573 aviateurs qui avaient péri durant la guerre. À un jet de pierre des jardins royaux. Ça faisait du bien d'entendre cela.

Coulombe avait lu un entretien avec l'auteur de *Stayin' Alive* dans un quotidien anglais : « C'est un honneur pour moi, avait dit le prince du disco, de faire en sorte que les braves jeunes gens qui ont risqué leur vie chaque nuit durant les raids au-dessus de l'Allemagne reçoivent enfin leur dû. »

Le Kid n'allait pas vivre assez longtemps pour assister à l'inauguration officielle du mémorial du Bomber Command par la reine Élisabeth II, le 28 juin 2012. Il ne verrait pas les sept bronzes plus grands que nature figurant les membres d'équipage en tenue de combat, postés derrière les colonnes d'une sorte de péristyle antique, le tout en calcaire gris-blanc. Il ne pourrait discuter de l'œuvre gigantesque dont certains affirmaient qu'elle était de très mauvais goût. Et puis après ?

Le kitsch n'effrayait pas le Kid, qui possédait son propre côté *Stayin' Alive*. Si on lui demandait son avis, il disait que, pour qu'un monument remplisse sa fonction, il fallait du sentiment, de l'amour. Or, le pompeux édifice londonien en contenait. De plus, il recelait une relique susceptible de plaire au vétéran du Thunderbird. Mais pourquoi ?

Pour le savoir, il faut revenir quelques années en arrière. Le 7 septembre 1997, la *Gazette* de Montréal annonçait qu'un bombardier Halifax Mark III de l'Aviation royale canadienne avait été retiré d'une profonde tourbière près de Bruxelles après être resté enfoui dans la vase pendant cinquante ans.

Abattu au cours d'un raid au-dessus de la Belgique le 13 mai 1944, l'avion était piloté par un équipage appartenant à l'escadrille de Coulombe, le 426. L'association regroupant les vétérans du Thunderbird à Trenton participait d'ailleurs aux travaux d'excavation en Belgique. Pour Coulombe, il y avait dans ces retrouvailles quelque chose d'émouvant.

Une fois l'épave du Halifax tirée du bourbier où elle était enfouie, les excavateurs ont découvert les restes des trois aviateurs qui étaient restés coincés dans leur appareil. Parmi ces derniers, on a identifié le pilote Wilbur Bentz, de Medicine Hat, en Alberta, et deux de ses mitrailleurs. Les cinq autres membres d'équipage n'avaient pas survécu, mais leurs corps avaient été retrouvés après l'écrasement en 1944 et enterrés dans le cimetière de Grammont, en Flandre-Occidentale. Il y avait un Montréalais parmi eux, l'officier pilote Jean-Guy Arbour, qui en était à sa première sortie au-dessus du territoire ennemi.

Après s'en être portée acquéreur, l'association des vétérans du Thunderbird a fait fondre l'épave. Les cinq tonnes d'aluminium qui ont résulté de l'opération allaient ensuite être expédiées en Europe où un alliage appelé « métal du bombardier » allait terminer sa course sous forme de tuiles au plafond du péristyle du mémorial du Bomber Command près du palais de Buckingham.

Que le 426 affirme sa présence dans le grand mausolée érigé en l'honneur des Brylcreem Boys réjouissait Roger Coulombe.

Le Kid est mort un 15 décembre, dix jours avant la fête qu'on écrit avec un tréma et trois mois après son quatre-vingt-dixième anniversaire.

Le printemps suivant, une poignée de vétérans se réunissaient pour une messe en son honneur dans la chapelle du champ d'honneur national du Fonds du souvenir à Pointe-Claire, sur l'île de Montréal. Les cendres du récipiendaire de la Croix du service distingué dans l'Aviation ont ensuite été déposées dans un columbarium en granit, dans la section de la Paix du cimetière, derrière la chapelle.

Faut-il parler d'erreur de casting ? De vice de scénario ? Difficile de croire que c'est dans ce nowhere hostile que le prodigieux, le talentueux, le flamboyant pilote de guerre Roger Coulombe est condamné à errer pour l'éternité. Le visiteur aura beau chercher, il ne trouvera sur la pierre commune aucune allusion à ses exploits durant la guerre, à son amour de la musique, à son humour ou à sa fantaisie. Même son nom de guerre a été gommé, comme si le Berlin Kid n'avait jamais existé.

L'impression de se trouver dans une colonie pénitentiaire. Un goulag. Quel contraste avec la sépulture apaisée sous laquelle dort son frère Roland dans le cimetière-jardin des aviateurs du Commonwealth, à Hanovre ! L'ange déchu et le préféré de Dieu. Une frontière invisible semble les séparer pour toujours.

Roger Coulombe a vécu. Conformément à la légende qu'il s'était lui-même forgée, il s'est longtemps interdit la tentation masochiste de l'apitoiement, du mea-culpa. Il a lutté sans relâche contre ses contradictions et contre ses propres fragilités.

À la fin, même Satan ne pouvait plus rien pour lui.

BIBLIOGRAPHIE

Livres

Anonyme. *Une femme à Berlin : journal, 20 avril-22 juin 1945*, traduit de l'allemand par Françoise Wuilmart, Paris, Gallimard, 2006.

Bashow, D. L. *No Prouder Place Canadians and the Bomber Command Experience 1939-1945*, St. Catharines, Ontario, Vanwell Publishing Limited, 2005.

Boulanger, G. *L'Alouette affolée*, Montréal, Lux Éditeur, 2010, coll. « Mémoires des Amériques ».

Brown, A. C. *La Guerre secrète : Le Rempart des mensonges 1, Origines des moyens spéciaux et premières victoires alliées*, traduit de l'anglais par Yolande Mauvais et Yvonne Dubois, Paris, Perrin, 2012.

Churchill, W. *Mémoires de guerre, Tome 2, février 1941-1945*, traduction de François Kersaudy, Paris, Tallandier, 2010, coll. « Texto ».

Coulombe, J. A. R. *Journal*, document inédit, 1942-1944.

Coulombe, R. DFC, Flight-Lieutenant J-19380. Pilot Flying's Log Book, document inédit, 1943-1944.

Dunmore, S. et Carter, W. *Reap the Whirlwind: The Untold Story of 6 Group, Canada's Bomber Force of World War II*, Toronto, McClelland & Stewart, 1991.

Genevoix, H. *Ceux de 14*, édition électronique, Flammarion, 2013.

Hansen, R. *Foudre et dévastation : Les Bombardements alliés sur l'Allemagne 1942-1945*, traduit de l'anglais par Catherine Ego, Québec, Presses de l'Université Laval, 2012.

Harris, S. *The End of Faith: Religion, Terror, and the Future of Reason*, New York, W. W. Norton & Company, 2004.

Harvey, J. D. *Boys, Bombs and Brussels Sprouts: A Knees-Up, Wheels-Up Chronicle of WWII*, Toronto, McClelland and Stewart, 1981.

Holmes, J. (née Coppack). *A WAAF with the Thunderbirds: Wartime Memories of 426 Squadron*, document inédit, date inconnue.

Jacobson, R. J. *426 Squadron History*, publié à compte d'auteur.

Kessel, J. *L'Équipage*, édition électronique, Gallimard, 2014, coll. « Folio ».

Knott, R. *Black Night for Bomber Command: The Tragedy of 16 December 1943*, Pen and Sword Books, Barnsley, 2007, coll. « Aviation ».

Legrand, J. (sous la dir. de). *Chronique de la Seconde Guerre mondiale*, Paris, Hachette, 1990.

Lévesque, R. *Attendez que je me rappelle...*, Montréal, Québec Amérique, 1986.

Motiuk, L. *Thunderbirds at War: Diary of a Bomber Squadron*, Larmont Associates, 1998.

Onfray, M. *Traité d'athéologie. Physique de la métaphysique*, Paris, Grasset, 2005, coll. « Le Livre de poche ».

Poirier, G. *Mémoires de guerre* (en anglais), document inédit, date inconnue, 133 pages.

Saint-Exupéry (de), A. *Vol de nuit*, Paris, Gallimard, 1996.

Sebald, W. G. *De la destruction comme élément de l'histoire naturelle*, traduit de l'allemand par Patrick Charbonneau, Paris, Actes Sud, 2004.

Simond, O. *I'm Ready, Let's Go*, récit de guerre du pilote de l'Aviation royale canadienne d'origine abénaki Delval Simond, document inédit, 2006.

Stéphane, R. *Portrait de l'aventurier : T. E. Lawrence, Malraux, von Salomon*, préface de Jean-Paul Sartre, Paris, Points, 2014.

Vonnegut, K. *Abattoir 5 ou la croisade des enfants*, traduit de l'américain par Lucienne Lotringer, Paris, Éditions du Seuil, 2004.

Articles de presse

« Quebec Airmen Graduate as Wireless Air Gunners », *Montreal Daily Star*, 4 avril 1942.

« Canadiens français dans l'aviation », *La Presse*, 26 septembre 1942.

« La Croix-Rouge au secours des centres isolés », *La Presse*, 15 juin 1951.

« 863 diplômes et grades décernés par l'université », *La Presse*, 1er juin 1951.

Billy (de), G. « Tableau d'honneur des Chibougamois d'hier : Roméo Charbonneau 1903-1993. Profil d'un homme courageux », *La Sentinelle*, 31 août 1993.

Callahan, M. « Amazing Tale of a Desperate WWII Pilot's Encounter with a German Flying Ace », *The New York Post*, 12 décembre 2012.

Giannangeli, M. « Robin Gibb: I'm so Proud of the Bomber Boys Memorial », *Sunday Express*, 19 février 2012.

Hills, S. « I Would Have Destroyed Dresden Again: Harris Unrepentant », *Daily Mail*, février 2013.

Langan, F. « Officer William Swetman Flew Six Air Attacks on Berlin », *The Globe and Mail*, 10 novembre 2014.

Middleton, D. « Sir Arthur T. Harris Is Dead at 91; Led Britain's Bomber Command », *The New York Times*, 7 avril 1984.

Santerre, D. « Roger Coulombe : le Québécois qui a bombardé Berlin douze fois », *Le Journal de Montréal*, 15 décembre 2003.

Films

Dangerous Moonlight, réal. Brian Desmond Hurst, mettant en vedette Anton Walbrook et Sally Gray. Musique : Richard Addinsell. 1941.

Death by Moonlight: Bomber Command, réal. Brian McKenna, ONF, 1 h 41 min. 1991.

Télévision

Vétérans des bombardements. Les archives de Radio-Canada. Date de diffusion : 7 mai 1995.

Audio

We'll Meet Again, Vera Lynn, 1939,
www.youtube.com/watch?v=T5C4meGkNyc.

Œuvres visuelles

L'Homme des douleurs, Quentin Metsys, J. Paul Getty Museum, www.lequotidiendelart.com/articles/13851-le-getty-achète-un-quentin-metsys.html.

Totem haïda, Great Court, The British Museum, www.britishmuseum.org/collection/object/E_Am1903-0314-1.

REMERCIEMENTS

J'ai eu la chance de pouvoir compter sur l'aide et la collaboration de la famille de Roger Coulombe au cours de la préparation de cet ouvrage. Il y a d'abord eu Serge Bellavance, neveu et exécuteur testamentaire de monsieur Coulombe, qui a mis à ma disposition un fonds d'archives absolument extraordinaire. J'ai également obtenu le soutien de Gilles Boulet, fils de Pierrette Coulombe, qui a eu la gentillesse de me soumettre des documents précieux ayant appartenu à sa mère.

Je ne veux pas non plus passer sous silence l'inestimable contribution de Richard Philips, petit-fils de Stanley MacKenzie, de Raymond Tremblay et de sa sœur Carole, fils et fille de Terry et Gérard Tremblay, de Cheryl Poirier, fille de Gérard Poirier, de Gisèle Barry, fille de Raymond Barry, de Monique Mercier, nièce de Jacques Mercier, de Louise Mercier Montpetit, sa mère, de Rodrigue Gauthier, de Solange Tremblay, d'Andrée Leblanc, de Jeannette Sutherland, de Richard Knott, qui m'a envoyé les courriels qu'il avait échangés avec Roger, de Robert Fleming, qui m'a introduite dans le cercle mythique des vétérans du 426, de Bob Swetman, le fils de William Swetman, d'Hélène Bisaillon, de Raymond Simond, fils de Delval Simond, de Tony Thompson et de Pierre Lagacé, auteur d'un blogue sur l'escadrille Alouette 425 depuis 2010.

Noémie Royer, toujours fidèle, a accepté de me donner un coup de pouce en révisant le texte à la fin.

Je ne voudrais pas oublier mon éditrice, Danielle Laurin. Je la remercie pour sa patience, ainsi que François Archambault pour le plaisir d'être ensemble.

TABLE DES MATIÈRES

LE MENTOR 11
SON ALTER EGO OU SON CONTRAIRE ? 19
LA VESTE 23
LE NEUVIÈME FILS 27
NOUS PENSIONS TOUS QUE NOS JOURS
ÉTAIENT FINIS LÀ 39
LE HÉROS MODERNE 45
MAUDITS ANGLAIS ! MAUDITE ANGLETERRE ! 53
LE PATRON 57
LONDRES 63
VOL DE NUIT 69
LA CONFÉRENCE DE QUÉBEC 77
LE CHOIX DE L'ÉQUIPAGE 85
LA PEUR 93
JETTE-TOI EN BAS SI TU VEUX 99
MONSIEUR BARRY 109
LES DESPERADOS DE LA GUERRE 117
APRÈS VOUS, MON CHER 125
FATIGUE, ARMES ET *SPEED* 129
DÉMONIAQUE 137
LE ZOO DE BERLIN 145

SEXE, MUSIQUE ET BOMBES	151
VOTRE PROMOTION ? DANS LE CUL !	157
CHEZ BETTY'S	165
LA NUIT DE TOUS LES DANGERS	169
LE MYTHE D'ICARE	175
TERRY	183
LES NOCES DE FÉVRIER	191
ICONOGRAPHIE RELIGIEUSE	199
LE DOUZIÈME RAID	203
LIBRE	207
RÉUSSIR SA SORTIE	211
L'HISTOIRE REVISITÉE	217
QUE SONT MES AMIS DEVENUS ?	225
COMMENT VIVRE ?	233
LE VENT TOURNE	237
OÙ EST LE TRÉMA ?... LE TRAUMA ?	245
NON, J'IRAI PAS À MONTMAGNY	251
STAYIN' ALIVE	257
BIBLIOGRAPHIE	261
REMERCIEMENTS	265

CRÉDITS PHOTOS

Page 11 :   Archives personnelles de Monsieur Roger Coulombe, avec l'autorisation de son filleul Serge Bellavance

Page 20 :   Archives personnelles de Monsieur Gilles Boulet

Page 20 :   Société d'histoire régionale de Chibougamau

Page 27 :   Archives personnelles de Madame Hélène Bisaillon

Page 34 :   Archives personnelles de Monsieur Roger Coulombe, avec l'autorisation de son filleul Serge Bellavance

Page 36 :   Archives personnelles de Madame Louise Mercier

Page 43 :   La Presse, édition du 15 juin 1951, p. 3 – La Croix-Rouge au secours des centres isolés

Page 49 :   Archives personnelles de Monsieur Gilles Boulet

Page 58 :   J Walters / shutterstock.com

Page 78 :   Rt. Hon. Mackenzie King, President Franklin D. Roosevelt and Rt. Hon. Winston Churchill at the Quebec Conference / Bibliothèque et Archives Canada/William Lyon Mackenzie King fonds/ c014168

Page 88 :   Archives personnelles de Monsieur Raymond Tremblay

Page 98 :   Archives personnelles de Monsieur Raymond Tremblay

Page 99 :   Imperial War Museum © IWM C 3371

Page 102 : Archives personnelles de Monsieur Roger Coulombe, avec l'autorisation de son filleul Serge Bellavance

Page 111 : Archives personnelles de Madame Gisèle Barry

Page 163 : Archives personnelles de Monsieur Roger Coulombe, avec l'autorisation de son filleul Serge Bellavance

Page 167 : Archives personnelles de Monsieur Raymond Simond

Page 178 : Archives personnelles de Monsieur Roger Coulombe, avec l'autorisation de son filleul Serge Bellavance

Page 193 : Archives personnelles de Monsieur Raymond Tremblay

Page 201 : Digital image courtesy of the Getty's Open Content Program

Page 201 : Archives personnelles de Monsieur Roger Coulombe avec l'autorisation de son filleul Serge Bellavance

Page 213 : Archives personnelles de Madame Hélène Bisaillon

Page 242 : Archives de la Fondation Aérovision Québec, www.aerovision.org

Page 253 : Archives personnelles de Madame Hélène de Billy

Page 268 : Mark Godden / shutterstock.com